遼寧省圖書館藏陶湘舊藏閔凌刻本集成

4

孫子參同·兵垣四編·呂氏春秋·淮南鴻烈解

遼寧省圖書館 編

中華書局

第四册目録

呂氏春秋二十六卷（卷十二—卷二十三）

呂氏春秋二十六卷（卷十二—卷二十三）

題（宋）陸游 評
（明）凌稚隆 批

明萬曆四十八年（一六二〇）凌毓枏刻朱墨套印本

呂氏春秋

第十二卷

季冬紀凡六篇

鵲巢雉禁畢漁
師水種吹薪日
次田專農毋使
餙國典諸同歷
献祀冬歸

季冬之月陽氣
潜動陰氣已畢
有司命大儺出

呂氏春秋卷十二

季冬紀

十二月紀

一曰季冬之月日在婺女昏婁中旦氐中其日壬癸其帝顓頊其神玄冥其蟲介其音羽律中大呂其數六其味鹹其臭朽其祀行祭先腎鴈北鄉鵲始巢乳雉雊天子居玄堂右个乘玄輅駕鐵驪載玄旂衣黑衣服玄玉食黍與彘其器宏以弇命有司大儺旁磔出土牛以送寒氣征

土牛者亦調燮陰陽之道

因時而取冰陰事之終所以為喪祭之備先時而命農陽事之始所以為東作之備

鳥厲疾乃畢行山川之祀及帝之大臣天地之神祇是月也命漁師始漁天子親往乃嘗魚先薦寢廟冰方盛水澤復堅命取冰冰已入令告民出五種命司農計耦耕事修耒耜具田器命樂師大合吹而罷乃命四監收秩薪柴以供寢廟及百祀之薪燎是月也日窮于次月窮于紀星廻于天數將幾終歲將更始專於農民無有所使天子乃與卿大夫飭國典論時令以待來歲之宜乃命太史次諸侯之列賦之犧牲以供

此戌土之氣所應
此辰土之氣所應
此未土之氣所應

皇天上帝社稷之饗乃命同姓之國供寢廟之芻豢令宰歷卿大夫至於庶民土田之數而賦之犧牲以供山林名川之祀凡在天下九州之民者無不咸獻其力以供皇天上帝社稷寢廟山林名川之祀行之是令此謂一終三旬二日季冬行秋令則白露蚤降介蟲爲妖四鄰入保行春令則胎夭多傷國多固疾命之曰逆行夏令則水潦敗國時雪不降冰凍消釋

士節

此戰國俠士之流侯嬴田光之類

二曰士之爲人當理不避其難臨患忘利遺生行義視死如歸有如此者國君不得而友天子不得而臣大者定天下其次定一國必由如此人者也故人主之欲大立功名者不可不務求此人也賢主勞於求人而佚於治事齊有北郭騷者結罘罔捆蒲葦織屨屨以養其母猶不足踵門見晏子曰願乞所以養母晏子之僕謂晏子曰此齊國之賢者也其義不臣乎天子不友乎諸侯於利不苟取於害不苟免今乞所以養

前後兩扇每扇
結語玉潤雙流
模寫豪士淡淡
不言之意大忠
似慢

母是說夫子之義也必與之晏子使人分倉粟
分府金而遺之辭金而受粟有閒晏子見疑於
齊君出奔過北郭騷之門而辭北郭騷沐浴而
出見晏子曰夫子將焉適晏子曰見疑於齊君
將出奔北郭子曰夫子勉之矣晏子上車太息
而歎曰嬰之亡豈不宜哉亦不知士甚矣晏子
行北郭子召其友而告之曰說晏子之義而嘗
乞所以養母焉吾聞之曰養及親者身伉其難
今晏子見疑吾將以身死白之著衣冠令其友

不知而不舉是不明也知而不舉是蔽賢也晏子雖自責亦何益之有

操劒奉笥而從造於君庭求復者曰晏子天下之賢者也去則齊國必侵矣必見國之侵也不若先死請以頭託白晏子也因謂其友曰盛吾頭於笥中奉以託退而自刎也其友因奉以託其友謂觀者曰北郭子爲國故死吾將爲北郭子死也又退而自刎齊君聞之大駭乘驛而自追晏子及之國郊請而反之晏子不得已而反聞北郭騷之以死白已也曰晏嬰之亡豈不宜哉亦愈不知士甚矣

此即常情提起以明志節之士不避貧賤不貪富貴以戒當時之貪欲者

敘事周悉而詞語更悽慨激烈

介立

三曰以貴富有人易以貧賤有人難（冒頭甚奇）今晉文公出亡周流天下窮矣賤矣而介子推不去有以有之也反國有萬乘而介子推去之無以有之也能其難不能其易此文公之所以不王也晉文公反國介子推不肯受賞自爲賦詩（詳）曰有龍於飛周徧天下五蛇從之爲之丞輔龍反其鄉得其處所四蛇從之得其露雨一蛇羞之橋死於中野懸書公門而伏於山下文公聞之曰譆

把逐利之徒來形他叙事到此方有收煞

此必介子推也避舍變服令士庶人曰有能得介子推者爵上卿田百萬或遇之山中負釜蓋簦問焉曰請問介子推安在應之曰夫介子推苟不欲見而欲隱吾獨焉知之遂背而行終身不見人心之不同豈不甚哉今世之逐利者早朝晏退焦脣乾嗌日夜思之猶未之能得今得之而務疾逃之介子推之離俗遠矣東方有士焉曰爰旌目將有適也而餓於道狐父之盜曰丘見而下壺餐以餔之爰旌目三餔之而後能

饑餓而不肯食盜人之食況富貴肯食人乎此狐介之士也

閑閑字眼點叕亦覺精神

視曰子何爲者也曰我狐父之人丘也爰旌目曰譆汝非盜耶胡爲而食我吾義不食子之食也兩手據地而吐之不出喀喀然遂伏地而死鄭人之下𩏂也（邑名）莊蹻之暴郢也（楚都）秦人之圍長平（地名）也韓荆趙此三國者之將帥貴人皆多驕矣其士卒衆庶皆多壯矣因相暴以相殺脆弱者拜請以避死其卒遞而相食不辨其義冀幸以得活如爰旌目已食而不死矣惡其義而不肎不死今此相爲謀豈不遠哉

冐頭會意渇好連物比類氣穠語工讀之令人爽快

誠廉

四曰石可破也而不可奪堅丹可磨也而不可奪赤堅與赤性之有也性也者所受於天也非擇取而爲之也豪士之自好者其不可漫以汙也亦猶此也昔周之將興也有士二人處於孤竹曰伯夷叔齊二人相謂曰吾聞西方有偏伯焉似將有道者今吾奚爲處乎此哉二子西行如周至於岐陽則文王已歿矣武王卽位觀周德則王使叔旦就膠鬲於次四内而與之盟曰加

血牲同盟非王道之蕩蕩乃伯者之餘事也故夷齊以非道譏之

富三等就官一列爲三書同辭血之以牲埋一於四内皆以一歸又使保召公就微子開於共頭之下而與之盟曰世爲長侯守殷常祀相奉桑林宜私孟諸爲三書同辭血之以牲埋一於共頭之下皆以一歸伯夷叔齊聞之相視而笑曰譆異乎哉此非吾所謂道也昔者神農氏之有天下也時祀盡敬而不祈福也其於人也忠信盡治而無求焉樂正與爲正樂治與爲治不以人之壞自成也不以人之庳自高也今周見

有所重則欲全之就是夫子求仁得仁之意夷齊讓國而去輕身重名故曰輕重先定

殷之僻亂也而遽為之正與治上謀而行貨阻丘而保威也割牲而盟以為信因四內與共頭以明行揚夢以說衆殺伐以要利以此紹殷是以亂易暴也吾聞古之士遭乎治世不避其任遭乎亂世不為苟在今天下闇周德衰矣與其竝乎周以漫吾身也不若避之以潔吾行二子北行至首陽之下而餓焉人之情莫不有重莫不有輕有所重則欲全之有所輕則以養所重伯夷叔齊此二士者皆出身棄生以立其意輕

首叙士重于義能殺身以死其主故賢主必知義而重士下兩引以証之

重先定也

不侵

五日天下輕於身而士以身爲人以身爲人者如此其重也而人不知以奚道相得賢主必自知士故士盡力竭智直言交爭而不辭其患豫讓公孫弘是矣當是時也智伯孟嘗君知之矣世之人主得地百里則喜四境皆賀得士則不喜不知相賀不通乎輕重也湯武千乘也而士皆歸之桀紂天子也而士皆去之孔墨布衣之

即此二句承上起下最為關鍵

士也萬乘之主千乘之君不能與之爭士也自此觀之尊貴富大不足以來士矣必自知之然後可豫讓之友謂豫讓曰子之行何其惑也子嘗事范氏中行氏諸侯盡滅之而子不爲報至於智氏而子必爲之報何故豫讓曰我將告子其故范氏中行氏我寒而不我衣我饑而不我食而時使我與千人共其養是衆人畜我也夫衆人畜我者我亦衆人事之至於智氏則不然出則乘我以車入則足我以養衆人廣朝而必

叙事處一段緊一段步驟可法

加禮於吾所謂國士畜我也夫國士畜我者我
亦國士事之豫讓國士也而猶以人之於已也
爲念又況於中人乎孟嘗君爲從公孫弘謂孟
嘗君曰君不若使人西觀秦王意者秦王帝王
之主也君恐不得爲臣何暇從以難之意者秦
王不肖主也君從以難之未晚也孟嘗君曰善
願因請公往矣公孫弘敬諾以車十乘之秦秦
昭王聞之而欲醜之以辭以觀公孫弘公孫弘
見昭王昭王曰薛之地小大幾何公孫弘對曰

此專以傲語聳動人主亦當時擬法也

百里昭王笑曰寡人之國地數千里猶未敢以有難也今孟嘗君之地方百里而因欲以難寡人猶可乎公孫弘對曰孟嘗君好士大王不好士昭王曰孟嘗君之好士何如公孫弘對曰義不臣乎天子不友乎諸侯得意則慙爲人君不得意則不肖爲人臣如此者三人能治可爲管商之師說義聽行其能致主霸王如此者五人萬乘之嚴主辱其使者退而自刎也必以其血汙其衣有如臣者七人昭王笑而謝焉曰客胡

爲若此寡人善孟嘗君欲客之必謹論寡人之意也公孫弘敬諾公孫弘可謂不侵矣昭王大王也孟嘗君千乘也立千乘之義而不可陵可謂士矣

序意

維秦八年歲在涒灘秋甲子朔朔之日良人請問十二紀文信侯曰嘗得學黄帝之所以誨顓頊矣爰有大圜在上大矩在下汝能法之爲民父母蓋聞古之清世是法天地凡十二紀者所

謀理之文深為中窾而私視三句尤入精細

以紀治亂存亡也所以知壽夭吉凶也上揆之天下驗之地中審之人若此則是非可不可無所遁矣天曰順順維生地曰固固維寧人曰信信維聽三者咸當無為而行行也者行其理也行數循其理平其私夫私視使目盲私聽使耳聾私慮使心狂三者皆私設精則智無由公智不公則福日衰災日隆以日倪而西望知之趙襄子游於囿中至於梁馬却不肯進青荓為參乘襄子曰進視梁下類有人青荓進視梁下豫

豫讓忠于君青荓信于友可謂行其理而無私也

讓却寢佯爲死人叱青荓曰去長者吾且有事青荓曰少而與子友子且爲大事而我言之是失相與友之道子將賊吾君而我不言之是失爲人臣之道如我者惟死爲可適乃退而自殺青荓非樂死也重失人臣之節惡廢交友之道也青荓豫讓可謂之友也

呂氏春秋

第十三卷

有始覽凡七篇

諭大

此篇於詞華雖無當然星分土屬名山大川巨藪極塞與夫道里遠近極星周行諸凡大梗以言乎天地之間則備矣

呂氏春秋卷十三

有始覽

有始

一曰天地有始天微以成地塞以形天地合和生之大經也以寒以暑日月晝夜知之以殊形殊能異宜說之夫物合而成離而生知合知成知離知生則天地平矣平也者皆當察其情處其形天有九野地有九州土有九山山有九塞澤有九藪風有八等水有六川何謂九野中央

敘九野之分數悉周天六百六十五度二十八宿纏度之所分析詳明不免披啚步美而天道已在掌中

曰鈞天其星角亢氐東方曰蒼天其星房心尾東北曰變天其星箕斗牽牛北方曰玄天其星婺女虛危營室西北曰幽天其星東壁奎婁西方曰顥天其星胃昴畢西南曰朱天其星觜巂參東井南方曰炎天其星輿鬼柳七星東南曰陽天其星張翼軫何謂九州河漢之間爲豫州周也兩河之間爲冀州晉也河濟之間爲兗州衛也東方爲青州齊也泗上爲徐州魯也東南爲揚州越也南方爲荆州楚也西方爲雍州秦

八方之風莫非陰陽之氣五行之相乘者也

也北方爲幽州燕也何謂九山會稽太山王屋首山太華岐山太行羊腸孟門何謂九塞大汾冥阨荆阮方城殽井陘疵處句注居庸何謂九藪吳之具區楚之雲夢秦之陽華晉之大陸梁之圃田宋之孟諸齊之海隅趙之鉅鹿燕之大昭何謂八風東北曰炎風東方曰滔風東南曰熏風南方曰巨風西南曰淒風西方曰飂風西北曰厲風北方曰寒風何謂六川河水赤水遼水黑水江水淮水凡四海之內東西二萬八千

地之所極皆推步之所積也

天止如一圜匣赤道一圜匣合縫在天之中黄道半在赤道内半在赤道外日度依赤道而行故曰遠道近道

里南北二萬六千里水道八千里受水者亦八千里通谷六名川六百陸注三千小水萬數凡四極之內東西五億有九萬七千里南北亦五億有九萬七千里極星與天俱遊而天樞不移冬至日行遠道周行四極命曰玄明夏至日行近道乃參于上當樞之下無晝夜白民之南建木之下日中無影呼而無響蓋天地之中也天地萬物一人之身也此之謂大同衆耳目鼻口也衆五穀寒暑也此之謂衆異則萬物備也天

古帝王之興莫不有先見之符自後世有獲麟作歌得鼎賦詩喜禽改元甚至三月雨雪悉以為祥季秋禁花艷以為瑞鳳也

斟萬物聖人覽焉以觀其類解在乎天地之所以形雷電之所以生陰陽材物之精人民禽獸之所安平

名類

二曰凡帝王者之將興也天必先見祥乎下民黃帝之時天先見大螾大螻黃帝曰土氣勝土氣勝故其色尚黃其事則土及禹之時天先見草木秋冬不殺禹曰木氣勝木氣勝故其色尚青其事則木及湯之時天先見金刃生於水湯

而鸜雀芝也而蓂草麟也而麈鹿不務修德爭認妖以為奇於是乎君子始厭言符瑞耳

曰金氣勝金氣勝故其色尚白其事則金及文王之時天先見火赤烏銜丹書集於周社文王曰火氣勝火氣勝故其色尚赤其事則火代火者必將水天且先見水氣勝水氣勝故其色尚黑其事則水水氣至而不知數備將徙于土天爲者時而不助農於下類固相召氣同則合聲比則應鼓宮而宮動鼓角而角動平地注水水流濕均薪施火火就燥山雲草莽水雲角鬭旱雲煙火雨雲水波無不皆類其所生以示人故

自篇首至此而結之以此二語此下又生議論而結之商箴云天降災布祥並有其職以言禍福人或召之時露篇旨時着關鍵

以龍致雨以形逐影師之所處必生棘楚禍福之所自來衆人以爲命安知其所夫巢覆毁卵則鳳凰不至刳獸食胎則麒麟不來乾澤涸漁則龜龍不往物之從同不可爲記子不遮乎親臣不遮乎君君同則來異則去故君雖尊以白爲黑臣不能聽父雖親以黑爲白子不能從黄帝曰芒昧因天之威與元同氣故曰同氣賢於同義同義賢於同力同力賢於同居同居賢於同名帝者同氣王者同義霸者同力勤者同居

則薄矣亡者同名則觕矣其智彌觕者其所同
彌觕其智彌精者其所同彌精故凡用意不可
不精夫精五帝三王之所以成也成齊類同皆
有合故堯爲善而衆善至桀爲非而衆非來商
箴云天降災布祥竝有其職以言禍福人或召
之也故國亂非獨亂也又必召寇獨亂未必亡
也召寇則無以存矣凡兵之用也用於利用於
義攻亂則脆脆則攻者利攻亂則義義則攻者
榮榮且利中主猶且爲之況於賢主乎故割地

良田每敗于邪程黃金多鑠於衆口投杼且起于屢至市虎亦成于三夫矧以

寶踶畢辭屈服不足以止攻惟治爲足治則爲利者不攻矣爲名者不伐矣凡人之攻伐也非爲利則因爲名也名實不得國雖彊大者曷爲攻矣解在乎史墨來而輟不襲衛趙簡子可謂知動靜矣

去尤

三曰世之聽者多有所尤多有所尤則聽必悖矣所以尤者多故其要必因人所喜與因人所惡東面望者不見西牆南鄉視者不覩北方意

無主之心當道
衆之口乎涇渭
雜請好惡倏更
惟人所是惟人
所非哉則信乎
去尤之爲要也
是生明辯謗之
本也

有所在也人有亡鈇者意其鄰之子視其行步竊鈇也顔色竊鈇也言語竊鈇也動作態度無爲而不竊鈇也相其谷而得其鈇他日復見其鄰之子動作態度無似竊鈇者其鄰之子非變也巳則變矣變也者無他有所尤也邾之故法爲甲裳以帛公息忌謂邾君曰不若以組凡甲之所以爲固者以滿竅也今竅滿矣而任力者半耳且組則不然竅滿則盡任力矣邾君以爲然曰將何所以得組也公息忌對曰上用之則

一組也始何以爲而又何以甲人曰爲也而爲人曰止也而止方其爲之也惟恐其不得及其不爲也惟恐其令之不亟則皆其尤之爲累耳

民爲之矣鄭君曰善下令令官爲甲必以組公息忌知說之行也因令其家皆爲組人有傷之者曰公息忌之所以欲用組者其家多爲組也鄭君不說於是復下令令官爲甲無以組此鄭君之有所尤也爲甲以組而便公息忌雖多爲組何傷也以組不便公息忌雖無組亦何益也爲組與不爲組不足以累公息忌之說用組之心不可不察也魯有惡者其父出而見商咄反而告其鄰曰商咄不若吾子矣且其子至惡也

愛心勝者有餘美惡心勝者有餘醜人情往往而然噫詎知葑菲有下體而園檀之下有維蘀耶

商咄至美也彼以至美不如至惡尤乎愛也故知美之惡知惡之美然後能知美惡矣莊子曰以瓦投者翔以鉤投者戰以黄金投者殆其祥一也而有所殆者必外有所重者也外有所重者泄盎内掘魯人可謂外有重矣解在乎齊人之欲得金也及秦墨者之相妬也皆有所乎尤也老聃則得之矣若植木而立乎獨必不合於俗則何可擴矣

句法

聽言

說盡當時戰攻
求利之事

四曰聽言不可不察不察則善不善不分善不善不分亂莫大焉三代分善不善故王今天下彌衰聖王之道廢絕世主多盛其歡樂大其鐘鼓侈其臺榭苑囿以奪人財輕用民死以行其忿老弱凍餒夭胔壯狡汔盡窮屈加以死虜攻無辜之國以索地誅不辜之民以求利而欲宗廟之安也社稷之不危也不亦難乎今人曰某氏多貨其室培濕守狗死其勢可穴也則必非之矣曰某國饑其城郭庳其守具寡可襲而篡

段段取徵照應

之則不非之乃不知類矣周書曰往者不可及來者不可待賢明其世謂之天子故當今之世有能分善不善者其王不難矣善不善本於義不以愛愛利之爲道大矣夫流於海者行之旬月見似人者而喜矣及其朞年也見其所嘗見物於中國者而喜矣夫去人滋久而思人滋深歟亂世之民其去聖王亦久矣其願見之日夜無間故賢王秀士之欲憂黔首者不可不務也功先名事先功言先事不知事惡能聽言不知

情惡能當言其與人穀言也其有辯乎其無辯乎造父始習於大豆蠭門始習於甘蠅御大豆射甘蠅而不徒人以爲性者也不徒之所以致遠追急也所以除害禁暴也凡人亦必有所習其心然後能聽說不習其心習之於學問不學而能聽說者古今無有也解在乎白圭之非惠子也公孫龍之說燕昭王以偃兵及應空洛之遇也孔穿之議公孫龍翟翦之難惠子之法此四士者之議皆多故矣不可不獨論

謹聽

五曰昔者禹一沐而三捉髮一食而三起以禮有道之士通乎己之不足也通乎己之不足則不與物爭矣愉易平靜以待之使夫自得之因然而然之使夫自言之亡國之主反此乃自賢而少人少人則説者持容而不極聽者自多而不得雖有天下何益焉是乃冥之昭亂之定敗之成危之寧故殷周以亡比干以死誖而不足以舉故人主之性莫過乎所疑而過於其所不

不斷之以耳而斷之以心可謂知賢之道

疑不過乎所不知而過於其所以知故雖不疑
雖已知必察之以法揆之以量驗之以數若此
則是非無所失而舉措無所過矣夫堯惡得賢
天下而試舜舜惡得賢天下而試禹斷之於耳
而已矣耳之可以斷也反性命之情也今夫惑
者非知反性命之情其次非知觀於五帝三王
之所以成也則奚自知其世之不可也奚自知
其身之不逮也太上知之其次知其不知不知
則問不能則學周箴曰夫自念斯學德未暮學

不知而自以為知深中當時之弊

賢問三代之所以昌也不知而自以爲知百禍之宗也名不徒立功不自成國不虛存必有賢者賢者之道牟而難知妙而難見故見賢者而不聳則不惕於心不惕於心則知之不深不深知賢者之所言不祥莫大焉主賢世治則賢者在上主不肖世亂則賢者在下今周室旣滅而天子已絕莫大於無天子無天子則彊者勝弱衆者暴寡以兵相殘不得休息今之世當之矣故當今之世求有道之士則於四海之內山谷

以能聽能禮士取結照應意極完足

之中僻遠幽閒之所若此則幸於得之矣得之則何欲而不得何爲而不成太公釣於滋泉遭紂之世也故文王得之而文王千乘也紂天子也天子失之而千乘得之知之與不知也諸衆齊民不待知而使不待禮而令若夫有道之士必禮必知然後其智能可盡解在乎勝書之說周公可謂能聽矣齊桓公之見小臣稷魏文侯之見田子方也皆可謂能禮士矣

務本

文法變態句法古雅

六曰嘗試觀上古記三王之佐其名無不榮者其實無不安者功大也詩云有晻淒淒興雲祁祁雨我公田遂及我私三王之佐皆能以公及其私矣俗主之佐其欲名實也與三王之佐同而其名無不辱者其實無不危者無公故也皆患其身不貴於國也而不患其主之不貴於天下也皆患其家之不富也而不患其國之不大也此所以欲榮而愈辱欲安而益危安危榮辱之本在於主主之本在於宗廟宗廟之本在於

民民之治亂在於有司易曰復自道何其咎吉以言本無異則動卒有喜今處官則荒亂臨財則貪得列近則持諫將衆則罷怯以此厚望於主豈不難哉今有人於此修身會計則可耻臨財物資盡則爲已若此而富者非盜則無所取故榮富非自至也緣功伐也今功伐甚薄而所望厚誣也無伐功而求榮富詐也詐誣之道君子不由人之議多曰上用我則國必無患用已者未必是也而莫若其身自賢而已猶有患用

已於國惡得無患乎已所制也釋其所制而奪乎其所不制誖未得治國治官可也若夫內事親外交友必可得也苟事親未孝交友未篤是所未得惡能善之矣故論人無以其所未得而用其所已得可以知其所未得矣古之事君者必先服能然後任必反情然後受主雖過與臣不徒取大雅曰上帝臨汝無貳爾心以言忠臣之行也解在鄭君之問被瞻之義也薄疑應衛嗣君以無重稅此二士者皆近知本矣

首叙帝王以務大而成功下援引不務大之失以證之文有開闢有關鎖深于左氏者

諭大

七曰昔舜欲旗古今而不成既足以成帝矣禹

一作禍

欲帝而不成既足以正殊俗矣湯欲繼禹而不成既足以服四荒矣武王欲及湯而不成既足以王道矣五霸欲繼三王而不成既足以爲諸侯長矣孔丘墨翟欲行大道於世而不成既足以成顯名矣夫大義之不成既有成矣已夏書曰天子之德廣運乃神乃武乃文故務在事事在大地大則有常祥不庭岐毋群抵天翟不周

悽諭

引喻切當令人解醒

山大則有虎豹熊羆蝯蜼水大則有蛟龍黿鼉鱣鮪商書曰五世之廟可以觀怪萬夫之長可以生謀室中之無澤陂也井中之無大魚也新林之無長木也凡謀物之成也必由廣大衆多長久信也季子曰燕雀爭善處於一屋之下子母相哺也姁姁焉相樂也自以爲安矣竈突決則火上焚棟燕雀顏色不變是何也乃不知禍之將及已也爲人臣免於燕雀之智者寡矣夫爲人臣者進其爵祿富貴父子兄弟相與比周於

詳論

引三人作結蓋當時君以富强爲利臣以富强爲策而呂氏所尚亦不外此故語如是

一國姁姁焉相樂也以危其社稷其爲竈突近也而終不知也其與燕雀之智不異矣故曰天下大亂無有安國一國盡亂無有安家一家皆亂無有安身此之謂也故小之定也必恃大大之安也必恃小小大貴賤交相爲恃然後皆得其樂定賤小在於貴大解在乎薄疑說衛嗣君以王術杜赫說周昭文君以安天下及匡章之難惠子以王齊王也

主意

一作贊

呂氏春秋

第十四卷

孝行覽凡八篇

孝行

本味

首時一作胥時

義賞

長攻

慎人一作順人

遇合

必已一作本知

堯之時雍本于親睦舜之風動原于堯諧一孝立而化行宇內固其所也

呂氏春秋卷十四

孝行覽

孝行

一曰凡爲天下治國家必務本而後末所謂本者非耕耘種殖之謂務其人也務其人非貧而富之寡而衆之務其本也務本莫貴於孝人主孝則名章榮下服聽天下譽人臣孝則事君忠處官廉臨難死士民孝則耕芸疾守戰固不罷北夫孝三皇五帝之本務而萬事之紀也夫執

引此段相連說畢竟歸重于孝上

一術而百善至百邪去天下從者其惟孝也故論人必先以所親而後及所疏必先以所重而後及所輕今有人於此行於親重而不簡慢於輕疏則是篤謹孝道先王之所以治天下也故愛其親不敢惡人敬其親不敢慢人愛敬盡於事親光燿加於百姓究於四海此天子之孝也曾子曰身者父母之遺體也行父母之遺體敢不敬乎居處不莊非孝也事君不忠非孝也莅官不敬非孝也朋友不篤非孝也戰陣無勇非

先王治天下之
大經大法却不
外此五者

孝也五行不遂災及乎親敢不敬乎商書曰刑
三百罪莫重於不孝曾子曰先王之所以治天
下者五貴德貴貴貴老敬長慈幼此五者先王
之所以定天下也所謂貴德爲其近於聖也所
謂貴貴爲其近於君也所謂貴老爲其近於親
也所謂敬長爲其近於兄也所謂慈幼爲其近
於弟也曾子曰父母生之子弗敢殺父母置之
子弗敢廢父母全之子弗敢闕故舟而不游道
而不徑能全支體以守宗廟可謂孝矣養有五

推原其孝廣錫
尔類故也

道修宮室安牀第節飲食養體之道也樹五色
施五采列文章養目之道也正六律和五聲雜
八音養耳之道也熟五穀烹六畜和煎調養口
之道也和顏色說言語敬進退養志之道也此
五者代進而厚用之可謂善養矣樂正子春下
堂而傷足瘳而數月不出猶有憂色門人問之
曰夫子下堂而傷足瘳而數月不出猶有憂色
敢問其故樂正子春曰善乎而問之吾聞之曾
子曾子聞之仲尼父母全而生之子全而歸之

孝卒爲難如舜五十而慕方可言卒

不虧其身不損其形可謂孝矣君子無行咫步而忘之余忘孝道是以憂故曰身者非其私有也嚴親之遺躬也民之本教曰孝其行孝曰養養可能也敬爲難敬可能也安爲難安可能也卒爲難父母既沒敬行其身無遺父母惡名可謂能終矣禮者履此者也義者宜此者也信者信此者也彊者彊此者也樂自順（一作慎）此生也刑自逆此作也

本味

敘湯得伊尹事
秩ミ有序

二曰求之其本經旬必得求之其末勞而無功功名之立由事之本也得賢之化也非賢其孰知乎事化故曰其本在得賢有侁氏女子採桑得嬰兒于空桑之中獻之其君其君令烰人養之察其所以然曰其母居伊水之上孕夢有神告之曰臼出水而東走毋顧明日視臼出水告其鄰東走十里而顧其邑盡爲水身因化爲空桑故命之曰伊尹此伊尹生空桑之故也長而賢湯聞伊尹使人請之有侁氏有侁氏不可伊

喻知音之難
喻知賢之難

尹亦欲歸湯湯於是請取婦爲婚有侁氏喜以
伊尹爲媵送女故賢主之求有道之士無不在
以爲有道之士求賢主無不行也相得然後樂
不謀而親不約而信相爲殫智竭力犯危行苦
志歡樂之此功名所以大成也固不獨士有孤
而自恃人主有奮而好獨者則名號必廢熄社
稷必危殆故黄帝立四面堯舜得伯陽續耳然
後成凡賢人之德有以知之也伯牙鼓琴鍾子
期聽之方鼓琴而志在太山鍾子期曰善哉乎

一作有
一作道

鼓琴巍巍乎若太山少選之間而志在流水鍾子期又曰善哉乎鼓琴湯湯乎若流水鍾子期死伯牙破琴絶絃終身不復鼓琴以爲世無足復爲鼓琴者非獨琴若此也賢者亦然雖有賢者而無禮以接之賢奚由盡忠猶御之不善驥不自千里也湯得伊尹祓之於廟爝以爟火釁以犧猳明日設朝而見之說湯以至味湯曰可對而爲乎對曰君之國小不足以具之爲天子然後可具夫三羣之蟲水居者腥肉玃者臊草

伊尹借五味以論五行之理見致治之道要于調和五行之得其宜無有過越然後治功成總之不外乎仁義也

食者羶臭惡猶美皆有所以凡味之本水最爲始五味三材九沸九變火之爲紀時疾時徐滅腥去臊除羶必以其勝無失其理調和之事必以甘酸苦辛鹹先後多少其齊甚微皆有自起鼎中之變精妙微纖口弗能言志弗能喻若射御之微陰陽之化四時之數故久而不弊熟而不爛甘而不噥酸而不酷鹹而不減辛而不烈澹而不薄肥而不腠肉之美者猩猩之脣貛貛之炙雋觾之翠述蕩之掔旄象之約流沙之西

設喻議論奇怪不凡

冊山之南有鳳之丸沃民所食魚之美者洞庭之鱄東海之鮞醴水之魚名曰朱鼈六足有珠百碧雚水之魚名曰鰩其狀若鯉而有翼常從西海夜飛游於東海菜之美者崑崙之蘋壽木之華指姑之東中容之國有赤木玄木之葉焉餘瞀之南南極之崖有菜其名曰嘉樹其色若碧陽華之芸雲夢之芹具區之菁浸淵之草名曰土英和之美者陽樸之薑招搖之桂越駱之菌鱣鮪之醢大夏之鹽宰揭之露其色如玉長

結歸要道本于仁義甚中肯綮

澤之卵飯之美者玄山之禾不周之粟陽山之穄南海之秬水之美者三危之露崑崙之井沮江之丘名曰搖水曰山之水高泉之山其上有湧泉焉冀州之原果之美者沙棠之實常山之北投淵之上有百果焉羣帝所食箕山之東青鳥之所有甘櫨焉江浦之橘雲夢之柚漢上石耳所以致之馬之美者青龍之匹遺風之乘非先爲天子不可得而具天子不可彊爲必先知道道者止彼在己己成而天子成天子成則至

此篇提時字立柱先歷擧古事分節引證而以時至與未至結應之已復比物比事開錯博論而以時不久而總結之不受殭鎖不失步驟催意驅馳且行且

味具故審近所以知遠也成已所以成人也聖王之道要矣豈越越多業哉

首時

三曰聖人之於事似緩而急似遲而速以待時王季歷困而死文王苦之有不忘羑里之醜時未可也武王事之夙夜不懈亦不忘王門之辱立十二年而成甲子之事時固不易得太公望東夷之士也欲定一世而無其主聞文王賢故釣于渭以觀之伍子胥欲見吳王而不得客有

顧千里良材也

言之於子光者見之而惡其貌不聽其說而辭之客請之王子光王子光曰其貌適吾所甚惡也客以聞伍子胥伍子胥曰此易故也願令王子居於堂上重帷而見其衣若手請因說之王子許伍子胥說之半王子光舉帷搏其手而與之坐說畢王子光大說伍子胥以爲有吳國者必王子光也退而耕于野七年王子光代吳王僚爲王任子胥子胥乃修法制下賢良選練士習戰鬭六年然後大勝楚于柏舉九戰九勝追

歷〻引喻見集事在于遇時若有其智而不遇時雖仲尼不免素王況下此者乎

北千里昭王出奔隨遂有鄖親射王宫鞭荆平之墳三百鄉之耕非忘其父之讐也待時也墨者有田鳩欲見秦惠王留秦三年而弗得見客有言之於楚王者往見楚王楚王說之與將軍之節以如秦至因見惠王告人曰之秦之道乃之楚乎固有近之而遠遠之而近者時亦然有湯武之賢而無桀紂之時不成有桀紂之時而無湯武之賢亦不成聖人之見時若步之與影不可離故有道之士未遇時隱匿分竄勤以待

一篇之内或以故事影之或以景物敘之變換雖多句〻切題

時時至有從布衣而爲天子者有從千乘而得天下者有從卑賤而佐三王者有從匹夫而報萬乘者故聖人之所貴唯時也水凍方固后稷不種后稷之種必待春故人雖智而不遇時無功方葉之茂美終日采之而不知秋霜既下衆林皆羸事之難易不在小大務在知時鄭子陽之難猘狗潰之齊高國之難失牛潰之衆因之以殺子陽高國當其時狗牛猶可以爲人唱而況乎以人爲唱乎饑馬盈廄嘆然未見芻也饑

醒語

狗盈窖嘆然未見骨也見骨與芻動不可禁亂世之民嘆然未見賢者也見賢人則往不可止往者非其形心之謂乎齊以東帝困於天下而魯取徐州邯鄲以壽陵困於萬民而衛取藺氏以魯衛之細而皆得志於大國遇其時也故賢主秀士之欲憂黔首者亂世當之矣天不再與時不久留能不兩工事在當之 總結

義賞

四曰春氣至則草木産秋氣至則草木落産與

賞善懲惡馭世之大權首以天道引起下反覆詳言賞罰之當否段段收束繳轉合縫處極爲緊密

落或使之非自然也故使之者至物無不爲使之者不至物無可爲古之人審其所以使故物莫不爲用賞罰之柄此上之所以使也其所以加者義則忠信親愛之道彰久彰而愈長民之安之若性此之謂教成教成則雖有厚賞嚴威弗能禁故善教者不以賞罰而教成教成而賞罰弗能禁用賞罰不當亦然姦僞賊亂貪戾之道興久興而不息民之讐之若性戎夷胡貉巴越之民是以雖有厚賞嚴罰弗能禁郢人之以

兩版垣也吳起變之而見惡賞罰易而民安樂氐羌之民其虜也不憂其係纍而憂其死不焚也皆成乎邪也故賞罰之所加不可不慎且成而賊民昔晉文公將與楚人戰於城濮召咎犯而問曰楚衆我寡奈何而可咎犯對曰臣聞繁禮之君不足於文繁戰之君不足於詐君亦詐之而已文公以咎犯言告雍季雍季曰竭澤而魚豈不獲得而明年無魚焚藪而田豈不獲得而明年無獸詐僞之道雖今偷可後將無復非

賞不紐于一時之見而以久遠爲慮

長術也文公用咎犯之言而敗楚人於城濮反而爲賞雍季在上左右諫曰城濮之功咎犯之謀也君用其言而賞後其身或者不可乎文公曰雍季之言百世之利也咎犯之言一時之務也焉有以一時之務先百世之利者乎孔子聞之曰臨難用詐足以却敵反而尊賢足以報德文公雖不終始足以霸矣賞重則民移之民移之則成焉成乎詐其成毀其勝敗天下勝者衆矣而霸者乃五文公處其一知勝之所成也勝

賞不以一時之功而以君臣之禮

而不知勝之所成與無勝同秦勝於戎而敗乎殽楚勝於諸夏而敗乎柏舉武王得之矣故一勝而王天下衆詐盈國不可以爲安患非獨外也趙襄子出圍賞有功者五人高赦爲首張孟談曰晉陽之中赦無大功賞而爲首何也襄子曰寡人之國危社稷殆身在憂約之中與寡人交而不失君臣之禮者惟赦吾是以先之仲尼聞之曰襄子可謂善賞者矣賞一人而天下之爲人臣莫敢失禮爲六軍則不可易北取代東

起語數句一篇精神命脈具見乎此有含蓄有提掇

迫齊令張孟談踰城潛行與魏桓韓康期而擊智伯斷其頭以爲觴遂定三家豈非用賞罰當耶

長攻

五曰凡治亂存亡安危彊弱必有其遇然後可成各一則不設故桀紂雖不肖其亡遇湯武也遇湯武天也非桀紂之不肖也湯武雖賢其王遇桀紂也遇桀紂天也非湯武之賢也若桀紂不遇湯武未必亡也桀紂不亡雖不肖辱未至

於此若使湯武不遇桀紂未必王也湯武不王
雖賢顯未至於此故人主有大功不聞不肖亡
國之主不聞賢譬之若良農辯土地之宜謹耕
耨之事未必收也然而收者必此人也始在於
遇時雨遇時雨天地也非良農所能爲也越國
大饑王恐召范蠡而謀范蠡曰王何患焉今之
饑此越之福而吳之禍也夫吳國甚富而財有
餘王年少智寡材輕好須臾之名不思後患王
若重幣卑辭以請糴於吳則食可得也食得其

卒越必有吳而王何患焉越王曰善乃使人請
食於吳吳王將與之伍子胥進諫曰不可與也
夫吳之與越接土鄰境道易人通仇讎敵戰之
國也非吳喪越越必喪吳若燕秦齊晉山處陸
居豈能踰五湖九江越十七阨以有吳哉故曰
非吳喪越越必喪吳今將輸之粟與之食是長
吾讎而養吾仇也財匱而民怨悔無及也不若
勿與而攻之固其數也此昔吾先王之所以霸
且夫饑代事也猶淵之與阪誰國無有吳王曰

欲取而先善之老子所謂將欲取之必先與之先詘後伸之術也當時善用此法

不然吾聞之義兵不攻服仁者食饑餓今服而攻之非義兵也饑而不食非仁體也不仁不義雖得十越吾不爲也遂與之食不出三年而吳亦饑使人請食于越越王弗與乃攻之夫差爲擒楚王欲取息與蔡乃先佯善蔡侯而與之謀曰吾欲得息奈何蔡侯曰息夫人吾妻之姨也吾請爲饗息侯與其妻者而與王俱因而襲之楚王曰諾於是與蔡侯以饗禮入於息因與俱遂取息旋舍於蔡又取蔡趙簡子病召太子而

告之曰我死已葬服衰而上夏屋之山以望太
子敬諾簡子死已葬服衰召大臣而告之曰願
登夏屋以望大臣皆諫曰登夏屋以望是遊也
服衰以遊不可襄子曰此先君之命也寡人弗
敢廢羣臣敬諾襄子上於夏屋以望代俗其樂
甚美於是襄子曰先君必以此教之也及歸慮
所以取代乃先善之代君好色請以其弟姊妻
之代君許諾弟姊已往所以善代者乃萬故馬
郡宜馬代君以善馬奉襄子襄子謁於代君而

玲語緩收

請觴之馬郡盡先令舞者置兵其羽中數百人先具大金斗代君至酒酣反斗而擊之一成腦塗地舞者操兵以鬭盡殺其從者因以代君之車迎其妻其妻道聞之狀磨笄以自刺故趙氏至今有刺笄之證與反斗之號此三君者其有所自而得之不備遵理然而後世稱之有功故也有功於此而無其失雖王可也

慎人

六曰功名大立天也爲是故因不慎其人不可

夫舜遇堯天也舜耕於歷山陶於河濱釣於雷澤天下說之秀士從之人也夫禹遇舜天也禹周於天下以求賢者事利黔首水潦川澤之湛滯壅塞可通者禹盡爲之人也夫湯遇桀武遇紂天也湯武修身積善爲義以憂苦於民人也舜之耕漁其賢不肖與爲天子同其未遇時也以其徒屬堀地財取水利編蒲葦結罘網手足胼胝不居然後免於凍餒之患其遇時也登爲天子賢士歸之萬民譽之丈夫女子振振殷殷

> 二陵模擬處彷彿似賦蒼勁有奇色

無不戴說舜自爲詩曰普天之下莫非王土率土之濱莫非王臣所以見盡有之也盡有之賢非加也盡無之賢非損也時使然也百里奚之未遇時也亡虢而虜晉飯牛於秦傳鬻以五羊之皮公孫枝得而說之獻諸繆公三日請屬事焉穆公曰買之五羊之皮而屬事焉無乃天下笑乎公孫枝對曰信賢而任之君之明也讓賢而下之臣之忠也君爲明君臣爲忠臣彼信賢境內將服敵國且畏夫誰暇笑哉繆公遂用之

謀無不當舉必有功非加賢也使百里奚雖賢無得繆公必無此名矣今焉知世之無百里奚哉故人主之欲求士者不可不務博也孔子窮於陳蔡之間七日不嘗食藜羹不糁宰予備矣孔子絃歌於室顔回擇菜於外子路與子貢相與而言曰夫子逐於魯削迹於衛伐樹於宋窮於陳蔡殺夫子者無罪藉夫子者不禁夫子絃歌鼓舞未嘗絶音蓋君子之無所醜也若此乎顔回無以對入以告孔子孔子憱然推琴喟然

此隱語也與歲寒然後知松柏之後凋也意同

而歎曰由與賜小人也召吾語之子路與子貢入子貢曰如此者可謂窮矣孔子曰是何言也君子達於道之謂達窮於道之謂窮今丘也抱仁義之道以遭亂世之患其所也何窮之謂故內省而不疚於道臨難而不失其德大寒既至霜雪既降吾是以知松柏之茂也昔桓公得之莒文公得之曹越王得之會稽陳蔡之阨於丘其幸乎孔子烈然返瑟而弦子路抗然執干而舞子貢曰吾不知天之高也不知地之下也古

之得道者窮亦樂達亦樂所樂非窮達也道得於此則窮達一也爲寒暑風雨之序矣故許由虞乎潁陽而共伯得乎共首

遇合

七曰凡遇合也時不合必待合而後行故比翼之鳥死乎木比目之魚死乎海孔子周流海內再干世主如齊至衛所見八十餘君委質爲弟子者三千人達徒七十人七十人者萬乘之主得一人用可爲師不爲無人以此遊僅至於魯

以喜怒爲用舍故有不勝任之患所以貴乎審諸己

司寇此天子之所以時絶也諸侯之所以大亂也亂則愚者之多幸也幸則必不勝其任矣任久不勝則幸反爲禍其幸大者其禍亦大非禍獨及巳也故君子不處幸不爲苟必審諸巳然後任任然後動凡能聽説者必達乎論議者也世主之能識論議者寡所過惡得不苟凡能聽音者必達於五聲人之能知五聲者寡所善惡得不苟客有以吹籟見越王者羽角宮徵商不謬越王不善爲野音而反善之説之道亦有如

渙渙設喻最遠
寓神

此者也人有爲人妻者人告其父母曰嫁不必
生也衣器之物可外藏之以備不生其父母以
爲然於是令其女常外藏姑妐知之曰爲我婦
而有外心不可畜因出之婦之父母以謂爲己
謀者以爲忠終身善之亦不知所以然矣宗廟
之滅天下之失亦由此矣故曰遇合也無常說
適然也若人之於色也無不知說美者而美者
未必遇也故嫫母執乎黄帝黄帝曰屬女德而
弗忘與女正而弗衰雖惡奚傷若人之於滋味

無不說耳脃而耳脃未必受也文王嗜菖蒲菹孔子聞而服之縮頞而食之三年然後勝之人有大臭者其親戚兄弟妻妾知識無能與居者自苦而居海上海上人有說其臭者晝夜隨之而弗能去說亦有若此者陳有惡人焉曰敦洽讐糜雄顙廣顔色如浃赬垂眼臨鼻長肘而盭陳侯見而甚說之外使治其國內使制其身楚合諸侯陳侯病不能往使敦洽讐糜往謝焉楚王怪其名而先見之客有進狀有惡其名言有

總收上段宜遇不宜遇係國之所以衰亡雙關看法

惡狀楚王怒合大夫而告之曰陳侯不知其不可使是不知也知而使之是侮也侮且不智不可不攻也興師伐陳三月然後喪惡足以駭人言足以喪國而友之足於陳侯而無上也至於亡而友不衰夫不宜遇而遇者則必廢宜遇而不遇者此國之所以亂世之所以衰也天下之民其苦愁勞務從此生凡舉人之本太上以志其次以事其次以功三者弗能國必殘亡羣孽大至身必死殃年得至七十九十猶尚幸聖賢

以舉人之本歸結于君身

此詳論賢人不遇于時而責人主之不知有感慨悲傷之意

之後反而孽民是以賊其身豈能獨哉

必巳

八曰外物不可必故龍逄誅比干戮箕子狂惡來死桀紂亡人主莫不欲其臣之忠而忠未必信故伍員流乎江萇弘死藏其血三年而爲碧親莫不欲其子之孝而孝未必愛故孝己疑曾子悲莊子行於山中見木甚美長大枝葉盛茂伐木者止其旁而弗取問其故曰無所可用莊子曰此以不材得終其天年矣出於山及邑舍

不材得終天年莊子常論此却添出以不材見殺一𣃁用以相形甚新竒有味

似之而非語最妙不如此㸃出不分明

故人之家。故人喜。具酒肉。令豎子爲殺鴈饗之。豎子請曰。其一鴈能鳴。一鴈不能鳴。請奚殺。主人之公曰。殺其不能鳴者。明日。弟子問於莊子曰。昔者山中之木。以不材得終天年。主人之鴈以不材死。先生將何以處。莊子笑曰。周將處於材不材之間。材不材之間。似之而非也。故未免乎累。若夫道德則不然。無訝無訾。一龍一蛇。與時俱化。而無肯專爲。一上一下。以禾爲量。而浮游乎萬物之祖。物物而不物於物。則胡可得而

意與前章同而稍較淺

累此神農黃帝之所法若夫萬物之情人倫之傳則不然成則毀大則衰廉則剉尊則虧直則骫合則離愛則隳多智則謀不肖則欺胡可得而必牛缺居上地大儒也下之邯鄲遇盜於耦沙之中盜求其橐中之載則與之求其車馬則與之求其衣被則與之牛缺出而去盜相謂曰此天下之顯人也今辱之如此此必愬我於萬乘之主萬乘之主必以國誅我我必不生不若相與誅而殺之以滅其迹於是相與趨之行三

仍是材不材俱有累意

十里及而殺之此以知故也孟賁過於河先其五船人怒而以楫虓其頭顧不知其孟賁也中河孟賁瞋目而視船人髮植目裂鬢指舟中之人盡揚播入於河使船人知其孟賁弗敢直視涉無先者又況於辱之乎此以不知故也知與不知皆不足恃其惟和調近之猶未可必蓋有不辨和調者則和調有不免也宋桓司馬有寶珠抵罪出亡王使人問珠之所在曰投之池中於是竭池而求之無得魚死焉此言禍福之相

及也紂爲不善於商而禍亢天地和調何益張毅好恭門閭帷薄聚居衆無不趨輿隸姻媾小童無不敬以定其身不終其壽內熱而死單豹好術離俗棄塵不食穀實不衣芮溫身處山林巖堀以全其生不盡其年而虎食之孔子行道而息馬逸食人之稼野人取其馬子貢請往說之畢辭野人不聽有鄙人始事孔子者曰請往說之因爲野人曰子不耕于東海吾不耕於西海也吾馬何得不食子之禾其野人大說相謂

曰說亦皆如此其辯也獨如嚮之人解馬而與

之說如此其無方也而猶行外物豈可必哉君

子之自行也敬人而不必見敬愛人而不必見

愛敬愛人者巳也見敬愛者人也君子必在巳

者不必在人者也必在巳無不遇矣

呂氏春秋

第十五卷

愼大覽凡八篇

貴因
察今

以論國之興衰在于敬怠故湯武以聖敬蒙勝而興桀紂以荒淫亡深究存亡之原探致治之要誠治道之龜鑑也

呂氏春秋卷十五

慎大覽

慎大

一曰賢主愈大愈懼愈彊愈恐凡大者小鄰國也彊者勝其敵也勝其敵則多怨小鄰國則多患多患多怨國雖彊大惡得不懼惡得不恐故賢主於安思危於達思窮於得思喪周書曰若臨深淵若履薄冰以言慎事也桀爲無道暴戾頑貪天下顫恐而患之言者不同紛紛分分其

情難得干辛任威凌轢諸侯以及兆民賢良鬱怨殺彼龍逢以服羣凶衆庶泯泯皆有遠志莫敢直言其生若驚大臣同患弗周而畔桀愈自賢矜過善非主道重塞國人大崩湯乃惕懼憂天下之不寧欲令伊尹往視曠夏恐其不信湯由親自射伊尹伊尹奔夏三年反報於亳曰桀迷惑於末嬉好彼琬琰不恤其衆衆志不堪上下相疾民心積怨皆曰上天弗恤夏命其卒湯謂伊尹曰若告我曠夏盡如詩湯與伊尹盟以

伊尹五就湯五
就桀皆是成湯
與君惡日改見
湯愛君之至處

示必滅夏伊尹又復往視曠夏聽於末嬉末嬉
言曰今昔天子夢西方有日東方有日兩日相
與鬭西方日勝東方日不勝伊尹以告湯商涸
旱湯猶發師以信伊尹之盟故令師從東方出
於國西以進未接刃而桀走逐之至大沙身體
離散爲天下戮不可正諫雖後悔之將可奈何
湯立爲天子夏民大說如得慈親朝不易位農
不去疇商不變肆親郼如夏此之謂至公此之
謂至安此之謂至信盡行伊尹之盟不避旱殃

叙事中寓断制之意正見湯武之慎大處

祖伊尹世世饗商武王勝殷入殷未下轝命封
黃帝之後於鑄封帝堯之後於黎封帝舜之後
於陳下轝命封夏后之後於杞立成湯之後於
宋以奉桑林武王乃恐懼太息流涕命周公旦
進殷之遺老而問殷之亡故又問衆之所說民
之所欲殷之遺老對曰欲復盤庚之政武王於
是復盤庚之政發巨橋之粟賦鹿臺之錢以示
民無私出拘救罪分財棄責以振困窮封比干
之墓靖箕子之宮表商容之閭士過者趨車過

者下三日之内與謀之士封爲諸侯諸大夫賞以書社庶士施政去賦然後於濟河西歸報於廟乃稅馬於華山稅牛於桃林馬弗復乘牛弗服釁鼓旗甲兵藏之府庫終身不復用此武王之德也故周明堂外戶不閉示天下不藏也唯不藏也可以守至藏武王勝殷得二虜而問焉曰若國有妖乎一虜對曰吾國有妖晝見星而天雨血此吾國之妖也一虜對曰此則妖也雖然非其大者也吾國之妖甚大者子不聽父弟

興武王之德一向收繳上意提醒甚快

虜言所知武王拜之是不泄漏之一事

老人中人二城名

不聽兄君令不行此妖之大者也武王避席再拜之此非貴虜也貴其言也故易曰愬愬履虎尾終吉趙襄子攻翟勝老人中人使使者來謁之襄子方食摶飯有憂色左右曰一朝而兩城下此人之所以喜也今君有憂色何襄子曰江河之大也不過三日飄風暴雨日中不須臾今趙氏之德行無所於積一朝而兩城下亡其及我乎孔子聞之曰趙氏其昌乎夫憂所以爲昌也而喜所以爲亾也勝非其難者也持之其難

善持勝者以術强弱此一篇大旨至結發之大有含蓄

兩語點盡一篇之章旨

者也賢主以此持勝故其福及後世齊荆吳越皆嘗勝矣而卒取亡不達乎持勝也唯有道之主能持勝孔子之勁舉國門之關而不肯以力聞墨子爲守攻公輸般服而不肯以兵加善持勝者以術彊弱

權勳

二曰利不可兩忠不可兼不去小利則大利不得不去小忠則大忠不至故小利大利之殘也小忠大忠之賊也聖人去小取大昔荆龔王與

此明小忠大忠之賊全用韓非語

晉厲公戰於鄢陵荆師敗龔王傷臨戰司馬子反渴而求飲豎陽穀操黍酒而進之子反叱曰訾退酒也豎陽穀對曰非酒也子反曰亟退却也豎陽穀又曰非酒也子反受而飲之子反之爲人也嗜酒甘而不能絶於口以醉戰既罷龔王欲復戰而謀使召司馬子反子反辭以心疾龔王駕而往視之入幄中聞酒臭而還曰今日之戰不穀親傷所恃者司馬也而司馬又若此是亾荆國之社稷而不恤吾衆也不穀無與復

此明小利大利之殘援引最切當

戰矣於是罷師去之斬司馬子反以爲戮故豎陽穀之進酒也非以醉子反也其心以忠也而適足以殺之故曰小忠大忠之賊也昔者晉獻公使荀息假道於虞以伐虢荀息曰請以垂棘之璧與屈產之乘以賂虞公而求假道焉必可得也獻公曰夫垂棘之璧吾先君之寶也屈產之乘寡人之駿也若受吾幣而不吾假道將奈何荀息曰不然彼若不吾假道必不吾受也若受我而假我道是猶取之內府而藏之外府也

猶取之內皁而著之外皁也君奚患焉獻公許之乃使荀息以屈產之乘爲庭實而加以垂棘之璧以假道於虞而伐虢虞公濫於寶與馬而欲許之宫之奇諫曰不可許也虞之與虢也若車之有輔也車依輔輔亦依車虞虢之勢是也先人有言曰脣竭而齒寒夫虢之不亡也恃虞虞之不亡也亦恃虢也若假之道則虢朝亡而虞夕從之矣奈何其假之道也虞公不聽而假之道荀息伐虢克之還反伐虞又克之荀息操

二君畢竟爲貪心所使雖忠告何益

璧牽馬而報獻公喜曰璧則猶是也馬齒亦薄長矣故曰小利大利之殘也中山之國有厹繇者智伯欲攻之而無道也爲鑄大鐘方車二軌以遺之厹繇之君將斬岸堙谿以迎鐘赤章蔓枝諫曰詩云唯則定國我胡則以得是於智伯夫智伯之爲人也貪而無信必欲攻我而無道也故爲大鐘方車二軌以遺君君因斬岸堙谿以迎鐘師必隨之弗聽有頃諫之君曰大國爲懽而子逆之不祥子釋之赤章蔓枝曰爲人臣

不忠貞罪也忠貞不用遠身可也斷轂而行至衛七日而夙䌛亡欲鐘之心勝也欲鐘之心勝則安夙䌛之説塞矣凡聽説所勝不可不審也故太上先勝昌國君將五國之兵以攻齊齊使觸子將以迎天下之兵於濟上齊王欲戰使人赴觸子恥而訾之曰不戰必剗若類掘若壟觸子苦之欲齊軍之敗於是以天下兵戰戰合擊金而却之卒北天下兵乘之觸子因以一乘去莫知其所不聞其聲達子又帥其餘卒以軍於

有道之士精通乎天地視富貴貧賤爲寄寓逆旅而已不知天之高地之下又烏知帝王之貴足以歆豔移易

秦周無以賞使人請金於齊王齊王怒曰若殘豎子之類惡能給若金與燕人戰大敗達子死齊王走莒燕人逐北入國相與爭金於美唐甚多此貪於小利以失大利者也

下賢

三曰有道之士固驕人主人主之不肖者亦驕有道之士日以相驕奚時相得若儒墨之議與齊荊之服矣賢主則不然士雖驕之而已愈禮之士安得不歸之士所歸天下從之帝帝也者

耶

此段絶似莊子口吻

天下之適也王也者天下之往也得道之人貴爲天子而不驕倨富有天下而不聘夸卑爲布衣而不瘁攝貧無衣食而不憂懾狠乎其誠自有也覺乎其不疑有以也桀乎其必不渝移也循乎其與陰陽化也惣惣乎其心之堅固也空空乎其不爲巧故也迷乎其志氣之遠也昏乎其深而不測確乎其節之不庳也就就乎其不肯自是鶻乎其羞用智慮也假乎其輕俗誹譽也以天爲法以德爲行以道爲宗與物變化而

宇宙總是吟天地言其神而包覆之無望無界畔也

無所終窮精充天地而不竭神覆宇宙而無望莫知其始莫知其終莫知其門莫知其端莫知其源其大無外其小無內此之謂至貴士有若此者五帝弗得而友三王弗得而師去其帝王之色則近可得之矣堯不以帝見善綣北面而問焉堯天子也善綣布衣也何故禮之若此其甚也善綣得道之士也得道之人不可驕也堯論其德行達智而弗若故北面而問焉此之謂至公非至公其孰能禮賢周公旦文王之子也

不驁爵祿之士春秋戰國時多有此等品雖未純却高人一頭地

武王之弟也成王之叔父也所朝於窮巷之中甕牖之下者七十人文王造之而未遂武王遂之而未成周公旦抱少主而成之故曰成王不唯以身下士邪齊桓公見小臣稷一日三至弗得見從者曰萬乘之主見布衣之士一日三至而弗得見亦可以止矣桓公曰不然士驁祿爵者固輕其主其主驁霸王者亦輕其士縱夫子驁祿爵吾庸敢驁霸王乎遂見之不可止世多舉桓公之內行內行雖不修霸亦可矣誠行之

文侯式干木之廬而秦兵遂寢此亦禮賢之效不獨勝荊等事

此論而內行修王猶少子產相鄭往見壺丘子林與其弟子坐必以年是倚其相於門也夫相萬乘之國而能遺之謀志論行而以心與人相索其唯子產乎故相鄭十八年刑三人殺二人桃李之垂於行者莫之援也錐刀之遺於道者莫之舉也魏文侯見段干木立倦而不敢息反見翟黄踞於堂而與之言翟黄不說文侯曰段干木官之則不肯祿之則不受今女欲官則相位欲祿則上卿既受吾實又責吾禮無乃難乎

故賢主之畜人也不肯受實者其禮之禮士莫
高乎節欲欲節則令行矣文侯可謂好禮士矣
好禮士故南勝荆於連隄東勝齊於長城虜齊
侯獻諸天子天子賞文侯以上卿

報更

四曰國雖小其食足以食天下之賢者其車足
以乘天下之賢者其財足以禮天下之賢者與
天下之賢者爲徒此文王之所以王也今雖未
能王其以爲安也不亦易乎此趙宣孟之所以

此叙宣孟一飯之施卒獲骫桑之報以免靈公之難

免也周昭文君之所以顯也孟嘗君之所以却荆兵也古之大立功名與安國免身者其道無他其必此之由也堪士不可以驕恣屈也昔趙宣孟將上之絳見骫桑之下有餓人臥不能起者宣孟止車爲之下食蠲而餔之再咽而後能視宣孟問之曰女何爲而餓若是對曰臣宦於絳歸而糧絶羞行乞而憎自取故至於此宣孟與脯一朐拜受而弗敢食也問其故對曰臣有老母將以遺之宣孟曰斯食之吾更與女乃復

樂也

文推開一步

賜之脯二束與錢百而遂去之處二年晉靈公欲殺宣孟伏士於房中以待之因發酒於宣孟宣孟知之中飲而出靈公令房中之士疾追而殺之一人追疾先及宣孟之面曰嘻君轝吾請爲君反死宣孟曰而名爲誰反走對曰何以名爲臣骫桑下之餓人也還鬬而死宣孟遂活此書之所謂德幾無小者也宣孟德一士猶活其身而況德萬人乎故詩曰赳赳武夫公侯干城濟濟多士文王以寧人主胡可以不務哀士士

此叙昭文君濟張儀之窮卒獲其報而彰名譽之榮

其難知唯博之爲可博則無所遁矣張儀魏氏餘子也將西遊於秦過東周客有語之於昭文君者曰魏氏人張儀材士也將西遊於秦願君之禮貌之也昭文君見而謂之曰聞客之秦寡人之國小不足以留客雖遊然豈必遇哉客或不遇請爲寡人而一歸也國雖小請與客共之張儀還走北面再拜張儀行昭文君送而資之至於秦留有閒惠王説而相之張儀所德於天下者無若昭文君周千乘也重過萬乘也令秦

此知孟嘗敬賢禮士所以得全其薛亦見施報之一驗

惠王師之逄澤之會魏王嘗爲御韓王爲右名
號至今不忘此張儀之力也孟嘗君前在於薛
荆人攻之淳于髡爲齊使於荆還反過於薛孟
嘗君令人禮貌而親郊送之謂淳于髡曰荆人
攻薛夫子弗爲憂文無以復侍矣淳于髡曰敬
聞命矣至於齊畢報王曰何見於荆對曰荆甚
固而薛亦不量其力王曰何謂也對曰薛不量
其力而爲先王立清廟荆固而攻薛薛清廟必
危故曰薛不量其力而荆亦甚固齊王知顏色

收繳正意甚古
徤奇峭

曰嘻先君之廟在焉疾舉兵救之由是薛遂全顛蹷之請坐拜之謁雖薄則薄矣故善説者陳其勢言其方見人之急也若自在危厄之中豈用彊力哉彊力則鄙矣説之不聽也任不獨在所説亦在説者

順説

五曰善説者若巧士因人之力以自為力因其來而與來因其往而與往不設形象與生與長而言之與響與盛與衰以之所歸力雖多材雖

將勇力二字借來作眼目暗藏個仁義在內

勁以制其命順風而呼聲不加疾也際高而望目不加明也所因便也惠盎見宋康成公而謂足聲速疾言曰寡人之所說者勇有力而無爲仁義者客將何以教寡人惠盎對曰臣有道於此使人雖勇刺之不入雖有力擊之弗中大王獨無意耶王曰善此寡人所欲聞也惠盎曰夫刺之不入擊之不中此猶辱也臣有道於此使人雖有勇弗敢刺雖有力不敢擊大王獨無意耶王曰善此寡人之所欲知也惠盎曰夫不敢

逓逓說下到歸結究竟處一節深一節

刺不敢擊非無其志也臣有道於此使人本無其志也大王獨無意邪王曰善此寡人之所願也惠盎曰夫無其志也未有愛利之心也臣有道於此使天下丈夫女子莫不驩然皆欲愛利之此其賢於勇有力也居四累之上大王獨無意耶王曰此寡人之所欲得惠盎對曰孔墨是也孔丘墨翟無地爲君無官爲長天下丈夫女子莫不延頸舉踵而願安利之今大王萬乘之主也誠有其志則四境之内皆得其利矣其賢

於孔墨也遠矣宋王無以應惠盎趨而出宋王謂左右曰辯矣客之以說服寡人也宋王俗士也而心猶可服因矣因則貧賤可以勝富貴矣小弱可以制彊大矣田贊衣補衣而見荆王荆王曰先生之衣何其惡也田贊對曰衣又有惡於此者也荆王曰可得而聞乎對曰甲惡於此王曰何謂也對曰冬日則寒夏日則暑衣無惡乎甲者贊也貧故衣惡也今大王萬乘之主也冨貴無敵而好衣民以甲臣弗得也意者爲其

義耶甲之事兵之事也刈人之頸刳人之腹隳人之城郭刑人之父子也其名又甚不榮意者爲其實耶苟慮害人人亦必慮害之苟慮危人人亦必慮危之其實人則甚不安之二者臣爲大王無取焉荆王無以應説雖未大行田贊可謂能立其方矣若夫偃息之義則未之識也管子得於魯魯束縛而檻之使役人載而送之齊其謳歌而引管子恐魯之止而殺巳也欲速至齊因謂役人曰我爲汝唱汝爲我和其所唱適

宜走役人不倦而取道甚速管子可謂能因矣役人得其所欲已亦得其所欲以此術也是用萬乘之國其覇猶少桓公則難與往也

不廣

六曰智者之舉事必因時時不可必成其人事則不廣成亦可不成亦可以其所能託其所不能若舟之與車北方有獸名曰蹷鼠前而兎後趨則跲走則顛常爲蛩蛩距虛取甘草以與之蹷有患害也蛩蛩距虛必負而走此以其所能

管子能察國人之欲惡遂知子糾之敗小白之成此正所謂度之廣者也

糾在外不可謂必得主故曰固難必

託其所不能鮑叔管仲召忽三人相善欲相與定齊國以公子糾爲必立召忽曰吾三人者於齊國也譬之若鼎之有足去一焉則不成且小白則必不立矣不若三人佐公子糾也管仲曰不可夫國人惡公子糾之母以及公子糾公子小白無母而國人憐之事未可知不若令一人事公子小白夫有齊國必此二公子也故令鮑叔傅公子小白管子召忽居公子糾所公子糾外物則固難必雖然管子之慮近之矣若是而

內攻二字新善

重攻二字又善

猶不全也其天邪人事則盡之矣齊攻廩丘趙使孔青將死士而救之與齊人戰大敗之齊將死得車二千得尸三萬以爲二京甯越謂孔青曰惜矣不如歸尸以內攻之越聞之古善戰者莎隨賁服却舍延尸車甲盡於戰府庫盡於葬此之謂內攻之孔青曰敵齊不尸則如何甯越曰戰而不勝其罪一與人出而不與人入其罪二與之尸而弗取其罪三民以此三者怨上上無以使下下無以事上是之謂重攻之甯越可

此段與左氏相類

謂知用文武矣用武則以力勝用文則以德勝文武盡勝何敵之不服晉文公欲合諸侯咎犯曰不可天下未知君之義也公曰何若咎犯曰天子避叔帶之難出居于鄭君奚不納之以定大義且以樹譽文公曰吾其能乎咎犯曰事若能成繼文之業定武之功闢土安疆於此乎在矣事若不成補周室之闕勤天子之難成教垂名於此乎在矣君其勿疑文公聽之遂與草中之戎驪土之翟定天子于成周於是天子賜之

一作繼

結語反收上意

比以因則無敵一句立意首尾

南陽之地遂覇諸侯舉事義且利以立大功文公可謂智矣此咎犯之謀也出亡十七年反國四年而覇其聽皆如咎犯者耶管子鮑叔佐齊桓公舉事齊之東鄙人有常致苦者管子死豎刁易牙用國之人常致不苦不知致苦卒爲齊國良工澤及子孫知大禮知大禮雖不知國可也

貴因

七日三代所寶莫如因因則無敵禹通三江五

擧應篇中段段用因字點綴短僅一二言長即數十語引証凡疑錯綜變換不可捉摸

湖決伊闕溝迴陸注之東海因水之力也舜一徙成邑再徙成都三徙成國而堯授之禪位因人之心也湯武以千乘制夏商因民之欲也如秦者立而至有車也適越者坐而至有舟也秦越遠塗也竫立安坐而至者因其械也武王使人候殷反報岐周曰殷其亂矣武王曰其亂焉至對曰讒慝勝良武王曰尚未也又復往反報曰其亂加矣武王曰焉至對曰賢者出走矣武王曰尚未也又往反報曰其亂甚矣武王曰焉

一武王分出三
事暗〻描寫三
因字

至對曰百姓不敢誹怨矣武王曰嘻遽告太公
太公對曰讒慝勝良命曰戮賢者出走命曰崩
百姓不敢誹怨命曰刑勝其亂至矣不可以駕
矣故選車三百虎賁三千朝要甲子之期而紂
爲禽則武王固知其無與爲敵也因其所用何
敵之有矣武王至鮪水殷使膠鬲候周師武王
見之膠鬲曰西伯將何之無欺我也武王曰不
子欺將之殷也膠鬲曰朅至（字法）武王曰將以甲子
至殷郊子以是報矣膠鬲行天雨日夜不休武

王疾行不輟軍師皆諫曰卒病請休之武王曰吾已令膠鬲以甲子之期報其主矣今甲子不至是令膠鬲不信也膠鬲不信也其主必殺之吾疾行以救膠鬲之死也武王果以甲子至殷郊殷已先陳矣至殷因戰大克之此武王之義也人爲人之所欲已爲人之所惡先陳何益適令武王不耕而穫武王入殷聞殷有長者武王往見之而問殷之所以亡殷長者對曰王欲知之則請以日中爲期武王與周公旦明日早要

不忍暴殄之惡

此亦戰國語

前分段摹寫一因字印証此排比直揹一因字結証

期則弗得也武王恠之周公曰吾已知之矣此君子也取不能其主有以其惡告王不忍爲也若夫期而不當言而不信此殷之所以亡也已以此告王矣夫審天者察列星而知四時因也推曆者視月行而知晦朔因也禹之裸國裸入衣出因也墨子見荆王錦衣吹笙因也孔子道（一作遵）彌子瑕見釐夫人因也湯武遭亂世臨苦民揚其義成其功因也故因則功專則拙因者無敵國雖大民雖衆何益

古者今之則也不法古而欲宜于今固難然亦有宜于古而不合于今者非先王之法不善也時異勢變耳

察今

八曰上胡不法先王之法非不賢也爲其不可得而法先王之法經乎上世而來者也人或益之人或損之胡可得而法雖人弗損益猶若不可得而法東夏之命古今之法言（一作世）異而典殊故古之命多不通乎今之言者今之法多不合（一〇作同）乎古之法者殊俗之民有似於此其所爲欲同其所爲欲異口惽之命不愉若舟車衣冠滋味聲色之不同人以自是反以相誹天下之學者多

連用三諭申結以近知遠以益所見知所不見二句揔之發明以今知古一句

辯言利辭倒不求其實務以相毀以勝爲故先王之法胡可得而法雖可得猶若不可法凡先王之法有要於時也時不與法俱至法雖今而至猶若不可法故擇先王之成法而法其所以爲法先王之所以爲法者何也先王之所以爲法者人也而己亦人也故察己則可以知人察今則可以知古古今一也人與我同耳有道之士貴以近知遠以今知古以益所見知所不見故審堂下之陰而知日月之行陰陽之變見瓶

水之冰而知天下之寒魚鼈之藏也嘗一脟肉而知一鑊之味一鼎之調荊人欲襲宋使人先表澭水澭水暴益荊人弗知循表而夜涉溺死者千有餘人軍驚而壞都舍嚮其先表之時可導也今水已變而益多矣荊人尚猶循表而導之此其所以敗也今世之主法先王之法也有似於此其時已與先王之法虧矣而曰此先王之法也而法之以爲治豈不悲哉故治國無法則亂守法而弗變則悖悖亂不可以持國世易

逐句逐諭俱是實理而正意在言外

時移變法宜矣譬之若良醫病萬變藥亦萬變病變而藥不變嚮之壽民今爲殤子矣故凡舉事必循法以動變法者因時而化若此論則無過務矣夫不敢議法者衆庶也以死守者有司也因時變法者賢主也是故有天下七十一聖其法皆不同非務相反也時勢異也故曰良劍期乎斷不期乎鏌鋣良馬期乎千里不期乎驥驁夫成功名者此先王之千里也楚人有涉江者其劍自舟中墜於水遽契其舟曰是吾劍之

詳諭　情諭　一作刻

所從墜舟止從其所契者入水求之舟已行矣
而劒不行求劒若此不亦惑乎以此故法為其
國與此同時已徙矣而法不徙以此為治豈不
難哉有過於江上者見人方引嬰兒而欲投之
江中嬰兒啼人問其故曰此其父善游其父雖
善游其子豈遽善游哉此任物亦必悖矣荆國
之為政有似於此

呂氏春秋

第十六卷

先識覽凡八篇

先識

觀世

知接

悔過

樂成

察微

去宥
正名

人主先識之賢爲最歷叙太史之詞文法慷慨意氣悽愴令人猛然驚省

吕氏春秋卷十六

先識覽

先覽

一曰凡國之亡也有道者必先去古今一也地從於城城從於民民從於賢故賢主得賢者而民得民得而城得城得而地得地得夫地得豈必足行其地人說其民哉得其要而已矣夏太史令終古出其圖法執而泣之夏桀迷惑暴亂愈甚太史令終古乃出奔如商湯喜而告諸侯曰夏

王無道暴虐百姓窮其父兄耻其功臣輕其賢
良棄義聽讒衆庶咸怨守法之臣自歸于商殷
内史向摯見紂之愈亂迷惑也於是載其圖法
出亡之周武王大說以告諸侯曰商王大亂沈
于酒德辟遠箕子爰近姑與息妲已爲政賞罰
無方不用法式殺三不辜民大不服守法之臣
出奔周國晉太史屠黍見晉之亂也見晉公之
驕而無德義也以其圖法歸周周威公見而問
焉曰天下之國孰先亡對曰晉先亡威公問其

感慨有思

故對曰臣比在晉也不敢直言示晉公以天妖日月星辰之行多以不當曰是何能爲又示以人事多不義百姓皆鬱怨曰是何能傷又示以鄰國不服賢良不舉曰是何能害如是是不知所以亡也故臣曰晉先亡也居三年晉果亡威公又見屠黍而問焉曰孰次之對曰中山次之威公問其故對曰天生民而令有別有別人之義也所異於禽獸麋鹿也君臣上下之所以立也中山之俗以晝爲夜以夜繼日男女切倚固

下棺置地中謂之肂

無休息康樂歌謳好悲其主弗知惡此亡國之風也臣故曰中山次之居二年中山果亡威公又見屠黍而問焉曰孰次之屠黍不對威公固問焉對曰君次之威公乃懼求國之長者得義蒔田邑而禮之得史驎趙駢以爲諫臣去苛令三十九物以告屠黍對曰其尚終君子之身乎曰臣聞之國之興也天遺之賢人與極言之士國之亡也天遺之亂人與善諛之士威公薨肂九月不得葬周乃分爲二故有道者之言也不

一作予

五盡之實世主代多類此言盡理盡意盡援之爲八

可不重也周鼎著饕餮有首無身食人未咽害（一作未）
及其身以言報更也爲不善亦然白圭之中山
中山之王欲畱之白圭固辭乘輿而去又之齊
齊王欲畱之仕又辭而去人問其故曰之二國
者皆將亡所學有五盡何謂五盡曰莫之必則
信盡矣莫之譽則名盡矣莫之愛則親盡矣行
者無糧居者無食則財盡矣不能用人又不能
自用則功盡矣國有此五者無幸必亡中山齊
皆當此若使中山之王與齊王聞五盡而更之

欲治之君不世出可與治之臣不萬一以不萬一待不世出何由遇哉故曰治奚由至

則必不亡矣其患不聞雖聞之又不信然則人主之務在乎善聽而已矣夫五割而與趙悉起（中山）而距軍乎濟上（齊距燕）未有益也是棄其所以存而造其所以亡也

觀世

二曰天下雖有有道之士國猶少千里而有一士比肩也累世而有一聖人繼踵也士與聖人之所自來若此其難也而治必待之治奚由至雖幸而有未必知也不知則與無賢同此治世

言其兢兢業業自儆歉然也

千古格言

之所以短而亂世之所以長也故王者不四霸者不六亡國相望囚主相及得士則無此之患此周之所封四百餘服國八百餘今無存者矣雖存皆嘗亡矣賢主知其若此也故日慎一日以終其世譬之若登山登山者處已高矣左右視尚巍巍焉山在其上賢者之所與處有似於此身已賢矣行已高矣左右視尚盡賢於已故周公旦曰吾不如者吾不與處累我者也與我齊者吾不與處無益我者也惟賢者必與賢於

已者處賢者之可得與處也禮之也主賢世治則賢者在上主不肖世亂則賢者在下今周室既滅天下既廢亂莫大於無天子無天子則彊者勝弱衆者暴寡以兵相剗不得休息而佞進今之世當之矣故欲求有道之士則於江海之上山谷之中僻遠幽閒之所若此則幸於得之矣太公釣於滋泉遭紂之世也故文王得之文王千乘也紂天子也天子失之而千乘得之知之與不知也諸衆齊民不待知而使不待禮而

高逈沉遠之筆

反裘負薪息于塗晏子知為君子必其舉止動作有可驗者故見容復見志以徵其賢

令若夫有道之士必禮必知然後其智能可盡也晏子之晉見反裘負芻息於塗者以爲君子也使人問焉曰曷爲而至此對曰齊人累之名爲越石父晏子曰譆遽解左驂以贖之載而與歸至舍弗辭而入越石父怒請絶晏子使人應之曰嬰未嘗得交也今免子於患吾於子猶未邪也越石父曰吾聞君子屈乎不已知者而伸乎已知者吾是以請絶也晏子乃出見之曰嚮也見客之容而已今也見客之志嬰聞察實者

察實者不留聲二句寫得意狀踴躍大有境

不留聲觀行者不譏辭晏可以辭而無棄乎越石父曰夫子禮之敢不敬從晏子遂以爲客俗人有功則德德則驕今晏子功免人於阨矣而反屈下之其去俗亦遠矣此令功之道也子列子窮容貌有饑色客有言之於鄭子陽者曰子列禦寇蓋有道之士也居君之國而窮君無乃爲不好士乎鄭子陽令官遺之粟數十秉子列子出見使者再拜而辭使者去子列子入其妻望而拊心曰聞爲有道者妻子皆得逸樂今妻

下句倒應固有致

子有饑色矣君過而遺先生食先生又弗受也豈非命也哉子列子笑一作嘆而謂之曰君非自知我也以人之言而遺我粟也至已而罪我也有罪且以人言此吾所以不受也其卒民果作難殺子陽受人之養而不死其難則不義死其難則死無道也死無道逆也子列子除不義去逆也豈不遠哉且方有饑寒之患矣而猶不苟取先見其化也先見其化而已動遠乎性命之情也

知接

詤讀曰誣億不詳審也

三曰人之目以照見之也以瞑則與不見同其所以爲照所以爲瞑異瞑士未嘗照故未嘗見瞑者目無由接也無由接而言見詤智亦然其所以接智所以接不智同其所能接所不能接異智者其所能接遠也愚者其所能接近也所能接近而告之以遠化奚由相得無由相得說者雖工不能喻矣戎人見暴布者而問之曰何以爲之莽莽也指麻而示之怒曰孰之壤壤也可以爲之莽莽也故亡國非無智士也非無賢

此見自智者不接賢則不聞亡國之語

者也其主無由接故也無由接之患自以爲智智必不接今不接而自以爲智悖若此則國無以存矣主無以安矣智無以接而自知弗智則不聞亡國不聞危君管仲有疾桓公往問之曰仲父之疾病矣將何以教寡人管仲曰齊鄙人有諺曰居者無載行者無埋今臣將有遠行胡可以問桓公曰願仲父之無讓也管仲對曰願君之遠易牙豎刀常之巫衛公子啓方公曰易牙烹其子以慊寡人猶尚可疑耶管仲對曰人

此段一問一答如響應桴較管子所載似尤詳密

之情非不愛其子也其子之忍又將何有於君
公又曰豎刁自宮以近寡人猶尚可疑耶管仲
對曰人之情非不愛其身也其身之忍又將何
有於君公又曰常之巫審於死生能去苛病猶
尚可疑耶管仲對曰死生命也苛病失也君不
任其命守其本而恃常之巫彼將以此無不為
也公又曰衛公子啟方事寡人十五年矣其父
死而不敢歸哭猶尚可疑耶管仲對曰人之情
非不愛其父也其父之忍又將何有於君公曰

諸管仲死盡逐之食不甘宮不治苛病起朝不
肅居三年公曰仲父不亦過乎孰謂仲父盡之
乎於是皆復召而反明年公有病常之巫從中
出曰公將以某日薨易牙豎刁常之巫相與作
亂塞宮門築高墻不通人矯以公令有一婦人
踰垣入至公所公曰我欲食婦人曰吾無所得
公又曰我欲飲婦人曰吾無所得公曰何故對
曰常之巫從中出曰公將以某日薨易牙豎刁
常之巫相與作亂塞宮門築高墻不通人故無

全由接見固郄其忠言是一篇大旨至此收繳之文極精密

事深微不測先事言之則人不信及禍已至悔

所得衛公子啓方以書社四十下衛公慨焉歎涕出曰嗟乎聖人之所見豈不遠哉若死者有知我將何面目以見仲父乎蒙衣袂而絕乎壽宮蟲流出於戶上蓋以楊門之扇三月不葬此不卒聽管仲之言也桓公非輕難而惡管子也無由接見也無由接固郄其忠言而愛其所尊貴也

悔過

四曰穴深尋則人之臂必不能極矣是何也不

無及矣繆公始不智而興襲人之師終同敗而致自咎之悔斯亦一鑑

至故也智亦有所不至所不至說者雖辨爲道雖精不能見矣故箕子窮于商范蠡流乎江昔秦繆公興師以襲鄭蹇叔諫曰不可臣聞之襲國邑以車不過百里以人不過三十里皆以其氣之趫與力之盛至是以犯敵能滅去之能速今行數千里又絕諸侯之地以襲國臣不知其可也君其重圖之繆公不聽也蹇叔送師於門外而哭曰師乎見其出而不見其入也蹇叔有子曰申與視與師偕行蹇叔謂其子曰晉若過

師必於殽女死不與南方之岸必於北方之岸
爲吾尸女之易繆公聞之使人讓蹇叔曰寡人
興師未知何如今哭而送之是哭吾師也蹇叔
對曰臣不敢哭師也臣老矣有子二人皆與師
行比其反也非彼死則臣必死矣是故哭師行
過周王孫滿要門而窺之曰嗚呼是師必有疵
若無疵吾不復言道矣夫秦非他周室之建國
也過天子之城宜橐甲束兵左右皆下以爲天
子禮今初服回建左不軾而右之超乘者五百

辭命之工

乘力則多矣然而寡禮安得無疵師過周而東鄭賈人弦高奚施將西市於周道遇秦師曰嘻師所從來者遠矣此必襲鄭遽使奚施歸告乃矯鄭伯之命以勞之曰寡君固聞大國之將至久矣大國不至寡君與士卒竊爲大國憂日無所與焉惟恐士卒罷弊與糗糧匱乏何其久也使人臣犒勞以璧膳以十二牛秦三帥對曰寡君之無使也使其三臣內也林也視也於東邊候晉之道過是以迷惑陷入大國之地不敢固

辭再拜稽首受之三師乃懼而謀曰我行數千里數絕諸侯之地以襲人未至而人已先知之矣此其備必已盛矣還師去之當是時也晉文公適薨未葬先軫言於襄公曰秦師不可不擊也臣請擊之襄公曰先君薨尸在堂見秦師利而因擊之無乃非爲人子之道歟先軫曰不弔吾喪不憂吾哀是死吾君而弱其孤也若是而擊可大彊臣請擊之襄公不得已而許之先軫遏秦師於殽而擊之大敗之獲其三帥以歸繆

大智不形三句上句是主下二句是客借来相形下引禹孔之功証大智不形一句末又收繳大智之用更閑

公聞之素服廟臨以說於衆曰天不爲秦國使寡人不用蹇叔之諫以至於此患此繆公非欲敗於殽也智不至也智不至則不信而言不可不信師之不反也從此生故不至之爲害大矣

樂成

五曰大智不形大器晚成大音希聲禹之決江水也民聚瓦礫事已成功已立爲萬世利禹之所見者遠也而民莫之知故民不可與慮化舉始而可以樂成功孔子始用於魯魯人鷖誦之

鎖有力

曰麛裘而鞸投之無戾鞸而麛裘投之無郵用三年男子行乎塗右女子行乎塗左財物之遺者民莫之舉大智之用固難踰也子產始治鄭使田有封洫都鄙有服民相與誦之曰我有田疇而子產賦之我有衣冠而子產貯之孰殺子產吾其與之後三年民又誦之曰我有田疇而子產殖之我有子弟而子產誨之子產若死其使誰嗣之使鄭簡魯哀當民之誹訿也而因弗遂用則國必無功矣子產孔子必無能矣非徒

激樂羊大奇叙
亦洞悉情事

不能也雖罪施於民可也今世皆稱簡公哀公爲賢稱子產孔子爲能此二君者達乎任人也舟車之始見也三世然後安之夫開善豈易哉故聽無事治事治之立也人主賢也魏攻中山樂羊將已得中山還反報文侯有貴功之色文侯知之命主書曰羣臣賓客所獻書者操以進之主書舉兩篋以進令將軍視之書盡難攻中山之事也將軍還走北面再拜曰中山之舉非臣之力君之功也當此時也論士殆之日幾矣

中山之不取也奚宜二箇哉一寸而亡矣文侯
賢主也而猶若此又況於中主耶中主之患不
能勿爲而不可與莫爲凡舉無易之事氣志視
聽動作無非是者人臣且孰敢以非是邪疑爲
哉皆壹於爲則無敗事矣此湯武之所以大立
功於夏商而句踐之所以能報其讐也以小弱
皆壹於爲而猶若此又況於以彊大乎魏襄王
與羣臣飲酒酣王爲羣臣祝令羣臣皆得志史
起興而對曰羣臣或賢或不肖賢者得志則可

不肖者得志則不可王曰皆如西門豹之爲人臣也史起對曰魏氏之行田也以百畝鄴獨二百畝是田惡也漳水在其旁而西門豹弗知用是其愚也知而弗言是不忠也愚與不忠不可效也魏王無以應之明日召史起而問焉曰漳水猶可以灌鄴田乎史起對曰可王曰子何不爲寡人爲之史起曰臣恐王之不能爲也王曰子誠能爲寡人爲之寡人盡聽子矣史起敬諾言之於王曰臣爲之民必大怨臣大者死其次

難與慮始而可與樂成正大智之難用處

字法

乃藉臣臣雖死藉願王之使他人遂之也王曰諾使之爲鄴令史起因往爲之鄴民大怨欲藉史起史起不敢出而避之王乃使他人遂爲之水已行民大得其利相與歌之曰鄴有聖令時爲史公決漳水灌鄴旁終古斥鹵生之稻粱使民知可與不可則無所用矣賢主忠臣不能導愚教陋則名不冠後實不及世矣史起非不知化也以忠於主也魏襄王可謂能決善矣誠能決善衆雖諠譁而弗爲變功之難立也其必由

句古

即上意轉而事一轉徹矣

起甚沉密深妙

哅哅邪國之殘亡亦猶此也故哅哅之中不可不味也中主以之哅哅也止善賢主以之哅哅也立功

察微

六曰使治亂存亾若高山之與深谿若白堊之與黑漆則無所用智雖愚猶可矣且治亂存亾則不然如可知如可不知如可見如可不見故智士賢者相與積心愁慮以求之猶尚有管叔蔡叔之事與東夷八國不聽之謀故治亂存亾

直諭

二節本孔子家語而稍益損之淮南子謂子貢讓而取義子路受而勸德者以此

其始若秋毫察其秋毫則大物不過矣魯國之法魯人爲人臣妾於諸侯有能贖之者取其金於府子貢贖魯人於諸侯來而讓不取其金孔子曰賜失之矣自今以往魯人不贖人矣取其金則無損於行不取其金則不復贖人矣子路拯溺者其人拜之以牛子路受之孔子曰魯人必拯溺者矣孔子見之以細觀化遠也楚之邊邑曰卑梁其處女與吳之邊邑處女桑於境上戲而傷卑梁之處女卑梁人操其傷子以讓吳

三段皆以微而
隱禍益見微之
當察展轉甚多
而貫串絕無痕
跡

人吳人應之不恭怒殺而去之吳人往報之盡屠其家卑梁公怒曰吳人焉敢攻吾邑舉兵反攻之老弱盡殺之矣吳王夷眛聞之怒使人舉兵侵楚之邊邑克夷而後去之吳楚以此大隆吳公子光又率師與楚人戰於雞父大敗楚人獲其帥潘子臣小帷子陳夏齧又反伐郢得荊平王之夫人以歸實爲雞父之戰凡持國太上知始其次知終其次知中三者不能國必危身必窮孝經曰高而不危所以長守貴也滿而不

一舉遠華下浚
翻出波

溢所以長守富也富貴不離其身然後能保其社稷而和其民人楚不能之也鄭公子歸生率師伐宋宋華元率師應之大棘羊斟御明日將戰華元殺羊饗士羊斟不與焉明日戰怒謂華元曰昨日之事子爲制今日之事我爲制遂驅入於鄭師宋師敗績華元虜夫弩機差以米則不發戰大機也饗士而忘其御也將以此敗而爲虜豈不宜哉故凡戰必悉熟偏備知彼知已然後可也魯季氏與郈氏鬬鷄郈氏介其鷄季

氏爲之金距季氏之鷄不勝季平子怒因歸郈
氏之宫而益其宅郈昭伯怒傷之於昭公曰禘
於襄公之廟也舞者二人而已其餘盡舞於季
氏季氏之舞道無上久矣弗誅必危社稷公怒
不審乃使郈昭伯將師徒以攻季氏遂入其宫
仲孫氏叔孫氏相與謀曰無季氏則吾族也死
亡無日矣遂起甲以往陷西北隅以入之三家
爲一郈昭伯不勝而死昭公懼遂出奔齊卒於
乾侯魯昭聽傷而不辨其義懼以魯國不勝季

氏而不知仲叔氏之恐而與季氏同患也是不達乎人心也不達乎人心位雖尊何益於安也以魯國恐不勝一季氏況於三季同惡固相助權物若此其過也非獨仲叔氏也魯國皆恐魯國皆恐則是與一國爲敵也其得至乾侯而卒猶遠

去宥

七日東方之墨者謝子將西見秦惠王惠王問秦之墨者唐姑果唐姑果恐王之親謝子賢於

宥者利也云國之主皆甚有所宥見利之爲害甚大以明人君當去利之意

已也對曰謝子東方之辨士也其爲人甚險將奮於說以取少主也王因藏怒以待之謝子至說王王弗聽謝子不說遂辭而行凡聽言以求善也所言苟善雖奮於取少主何損所言不善雖不奮於取少主何益不以善爲之慤而徒以取少主爲之悖惠王失所以爲聽矣用志若是見客雖勞耳目雖弊猶不得所謂也此史定所以得行其邪也此史定所以得飾鬼以人罪殺不辜羣臣擾亂國幾大危也人之老也形益衰

而智益盛今惠王之老也形與智皆衰耶荆威王學書於沈尹華昭釐惡之威王好制有中謝佐制者昭釐謂威王曰國人皆曰王乃沈尹華之弟子也王不說因疏沈尹華中謝細人也一言而令威王不聞先王之術文學之士不得進令昭釐得行其私故細人之言不可不察也且數怒人主以爲姦人除路姦路以除而惡壅却豈不難哉夫激矢則遠激水則旱激主則悖悖則無君子矣夫不可激者其唯先有度鄰父有

與人鄰者有枯梧樹其鄰之父言梧樹之不善也鄰人遽伐之鄰父因請而以爲薪其人不說曰鄰者若此其險也豈可爲之鄰哉此有所宥也夫請以爲薪與弗請此不可以疑枯梧樹之善與不善也齊人有欲得金者淸旦被衣冠往鬻金者之所見人操金攫而奪之吏搏而束縛之問曰人皆在焉子攫人之金何故對吏曰殊不見人徒見金耳此眞大有所宥也夫人有所宥者固以晝爲昏以白爲黑以堯爲桀宥之爲

收斂上意委婉有情

此見聽言當辨名實不可為淫說所惑首名正則治二句是一篇大主下詳言之

敗亦大矣亡國之主其皆甚有所宥邪故凡人必别宥然後知别宥别能全其天矣

正名

八曰名正則治名喪則亂使名喪者淫說也說淫則可不可而然不然是不是而非不非故君子之說也足以言賢者之實不肖者之充而已矣足以喻治之所悖亂之所由起而已矣足以知物之情人之所獲以生而已矣凡亂者刑名不當也人主雖不肖猶若用賢猶若聽善猶若

爲可者其患在乎所謂賢從不肖也不爲善而從邪辟所謂可從悖逆也是刑名異充而聲實異謂也夫賢不肖善邪辟可悖逆國不亂身不危奚待也齊湣王是以知說士而不知所謂士也故尹文問其故而王無以應此公王丹之所以見信而卓齒之所以見任也任卓齒而信公王丹豈非以自讐邪尹文見齊王齊王謂尹文曰寡人甚好士尹文曰願聞何謂士王未有以應尹文曰今有人於此事親則孝事君則忠交

有意作波瀾頓挫情狀宛如

友則信居鄉則悌有此四行者可謂士乎齊王曰此眞所謂士已尹文曰王得若人肯以爲臣乎王曰所願而不能得也尹文曰使若人於廟朝中深見侮而不鬭王將以爲臣乎王曰否大夫見侮而不鬭則是辱也辱則寡人弗以爲臣矣尹文曰雖見侮而不鬭未失其四行也未失其四行者是未失其所以爲士一矣未失其所以爲士一而王以爲臣失其所以爲士一而王不以爲臣則嚮之所謂士者乃士乎王無以應

尹文曰令有人於此將治其國民有非則非之民無非則非之民有罪則罰之民無罪則罰之而惡民之難治可乎王曰不可尹文曰竊觀下吏之治齊也方若此也王曰使寡人治信若是則民雖不治寡人弗怨也意者未至然乎尹文曰言之不敢無說請言其說王之令曰殺人者死傷人者刑民有畏王之令深見侮而不敢鬬者是全王令也而王曰見侮而不敢鬬是辱也夫謂之辱者非此之謂也以爲臣不以爲臣者

罪之也此無罪而王罰之也齊王無以應論皆若此故國殘身危走而之榖如衛齊湣王周室之孟侯也太公之所以老也桓公嘗以此霸矣管仲之辨名實審也

呂氏春秋

第十七卷

審分覽凡八篇

不二
執一

審分可以治二句是一篇大机軸
衆地分地借客形主
此言臣主各有分不明分則官事不理

呂氏春秋卷十七

審分覽

審分

一曰凡人主必審分然後治可以至姦僞邪辟之塗可以息惡氣苛疾無自至夫治身與治國一理之術也今以衆地者公作則遲有所匿其力也分地則速無所匿遲也主亦有地臣主同地則臣有所匿其邪矣主無所避其累矣凡爲善難任善易奚以知之人與驥俱走則人不勝

簡畫中律周言中繩工倕之指也可稱絕品

驥矣居於車上而任驥則驥不勝人矣人主好治人官之事則是與驥俱走也必多所不及矣夫人主亦有居車無去車則衆善皆盡力竭能矣諂諛詖賊巧佞之人無所竄其姦矣堅窮廉直忠敢之士畢競勸騁騖矣人主之車所以乘物也察乘物之理則四極可有不知乘物而自怙恃奪其智能多其教詔而好自以若此則百官惆擾少長相越萬邪並起權威分移不可以卒不可以教此亡國之風也王良之所以使馬

二喻補足上意反言以証之見求治不可亂名矣

者約審之以控其轡而四馬莫敢不盡力有道之主其所以使羣臣者亦有轡其轡何如正名審分是治之轡已故按其實而審其名以求其情聽其言而察其類無使放悖夫名多不當其實而事多不當其用者故人主不可以不審名分也不審名分是惡壅而愈塞也壅塞之任不在臣下在於人主堯舜之臣不獨義湯禹之臣不獨忠得其數也桀紂之臣不獨鄙幽厲之臣不獨辟失其理也今有人於此求牛則名馬求

此于治道絶中肯綮近世庸吏亦然

馬則名牛所求必不得矣而因用威怒有司必誹怨矣牛馬必擾亂矣百官衆有司也萬物羣牛馬也不正其名不分其職而數用刑罰亂莫大焉夫說以智通而實以過悗譽以高賢而克以卑下贊以潔白而隨以汙德任以公法而處以貪枉用以勇敢而墮以罷怯此五者皆以牛爲馬以馬爲牛名不正也故名不正則人主憂勞勤苦而官職煩亂悖逆矣國之亡也名之傷也從此生矣白之顧益黑求之愈不得者其此

類諭

正名二字有關鍵

此五段各異下五段再承上來補足上意

義耶故至治之務在於正名名正則人主不憂
勞矣不憂勞則不傷其耳目之主問而不詔知
而不爲和而不矜成而不處止者不行行者不
止因形而任之不制於物無肯爲使清淨以公
神通乎六合德耀乎海外意觀乎無窮譽流乎
無止此之謂定性於大湫命之曰無有故得道
忘人乃大得人也夫非其道也知德忘知乃大
得知也夫其非德也至知不幾靜乃明幾也夫
其不明也大明不小事假乃理事也夫其不假

此首提知乃無知爲君道篇中不分界限反覆

莫人不能全乃備能也夫其不全也是故於全乎去能於假乎去事於知乎去幾所知者妙矣若此則能順其天意氣得游乎寂寞之宇矣形性得安乎自然之所矣全乎萬物而不宰澤被天下而莫知其所自姓雖不備五者其好之者是也

君守

二曰得道者必靜靜者無知知乃無知可以言君道也故曰中欲不出謂之扃外欲不入謂之

發明而末以為在于臣東之所謂用人則裕自用則拙也

是老氏家數

博聞三句發明出彌遠句

閉既扃而又閉天之用密有准不以平有繩不以正天之大靜既靜而又寧可以為天下正身以盛心心以盛智智乎深藏而寔莫得窺乎鴻範曰惟天陰騭下民陰之者所以發之也故曰不出於戶而知天下不窺於牖而知天道其出彌遠者其知彌少故博聞之人彊識之士闕矣事耳目深思慮之務敗矣堅白之察無厚之辯外矣不出者所以出之也不為者所以為之也此之謂以陽召陽以陰召陰東海之極水至而

應知乃無知

反夏熱之下化而爲寒故曰天無形而萬物以
成至精無象而萬物以化大聖無事而千官盡
能此乃謂不教之教無言之詔故有以知君之
狂也以其言之當也有以知君之惑也以其言
之得也君也者以無當爲當以無得爲得者也
當與得不在於君而在於臣故善爲君者無識
其次無事有識則有不備矣有事則有不恢矣
不備不恢此官之所以疑而邪之所從來也今
之爲車者數官然後成夫國豈特爲車哉衆智

閉結不解者也

妙在不解

衆能之所持也不可以一物一方安車也夫一能應萬無方而出之務者唯有道者能之魯鄙人遺宋元王閉元王號令於國有巧者皆來解閉人莫之能解兒說之弟子請往解之乃能解其一不能解其一且曰非可解而我不能解也固不可解也問之魯鄙人鄙人曰然固不可解也我爲之而知其不可解也今不爲而知其不可解也是巧於我故如兒說之弟子者以不解解之也鄭大師文終日鼓瑟而興再拜其瑟前

人君無爲而獨任則一人居其逸百官任其勞無不舉之弊

曰我效於子效於不窮也故若大師文者以其獸者先之所以中之也故思慮自心傷也智差自亡也奮能自殃其有處自狂也故至神逍遙倏忽而不見其容至聖變習移俗而不知其所從離世別羣而無不同君民孤寡而不可障壅此則姦邪之情得而險陂讒慝諂諛巧佞之人無由入凡姦邪險陂之人必有因也何因哉因主之爲人主好以已爲則守職者舍職而阿主之爲矣阿主之爲有過則主無以責之則人主

日侵而人臣日得是宜動者靜宜靜者動也尊之爲卑卑之爲尊從此生矣此國之所以衰而敵之所以攻之者也奚仲作車蒼頡作書后稷作稼臯陶作刑昆吾作陶夏鮌作城此六人者所作當矣然而非主道者故曰作者憂因者平惟彼君道得命之情故任天下而不彊此之謂全人

任數

三曰凡官者以治爲任以亂爲罪今亂而無責

不剛斷則多疑
此夏虫之說也

則亂愈長矣人主以好暴示能以好唱自奮人臣以不爭持位以聽從取容是君代有司爲有司也是臣得後隨以進其業君臣不定耳雖聞不可以聽目雖見不可以視心雖知不可以舉勢使之也凡耳之聞也藉於靜目之見也藉於昭心之知也藉於理君臣易操則上之三官者廢矣亡國之主其耳非不可以聞也其目非不可以見也其心非不可以知也君臣擾亂上下不分別雖聞曷聞雖見曷見雖知曷知馳騁而

夏蟲疑冰拘于時也人君好用智之驗

二事入玄

此言無知無爲不用耳目乃是君道其說甚玄

因耳矣此愚者之所不至也不至則不知不知則不信無骨者不可令知冰有土之君能察此言也則災無由至矣且夫耳目智巧固不足恃惟修其數行其理爲可韓昭釐侯視所以祠廟之牲其豕小昭釐侯令官更之官以是豕來也昭釐侯曰是非嚮者之豕耶官無以對命吏罪之從者曰君王何以知之君曰吾以其耳也申不害聞之曰何以知其聾以其耳之聽也何以知其盲以其目之明也何以知其狂以其言之

此即前篇以無當爲當以無得爲得也

此即前篇其出彌遠其知彌少意

儋耳四極之國

當也故曰去聽無以聞則聰去視無以見則明去智無以知則公去三者不任則治三者任則亂以此言耳目心智之不足恃也耳目心智其所以知識甚闕其所以聞見甚淺以淺闕博居天下安殊俗治萬民其說固不行十里之間而耳不能聞帷牆之外而目不能見三畝之宮而心不能知其以東至開梧南撫多顆西服壽靡北懷儋耳若之何哉故君人者不可不察此言也治亂安危存亡其道固無二也故至智棄智

主意

此言聖人以能任天下以無能自居故天下莫不見其治

至仁忘仁至德不德無言無思靜以待時時至而應心暇者勝凡應之理清淨公素而正始卒焉此治紀無唱有和無先有隨古之王者其所爲少其所因多因者君術也爲者臣道也爲則擾矣因則靜矣因冬爲寒因夏爲暑君奚事哉故曰君道無知無爲而賢於有知有爲則得之矣有司請事於齊桓公桓公曰以告仲父有司又請公曰告仲父若是三習者曰一則仲父二則仲父易哉爲君桓公曰吾未得仲父則難已

一作廣

此即前篇爲在于臣意

此即前篇知乃無知意

得仲父之後曷爲其不易也桓公得管子事猶大易又況於得道術乎孔子窮乎陳蔡之閒藜羹不斟七日不嘗粒晝寢顏回索米得而爨之幾熟孔子望見顏回攫其甑中而食之選間食熟謁孔子而進食孔子佯爲不見之孔子起曰今者夢見先君食潔而後饋顏回對曰不可嚮者煤室入甑中棄食不祥回攫而飯之孔子歎曰所信者目也而目猶不可信所恃者心也而心猶不足恃弟子記之知人固不易矣故知非

句法　句法

此言聖人以能任天下以無能自居故天下莫不見其治

難也孔子之所以知人難也

勿躬

四曰人之意苟善雖不知可以爲長故李子曰非狗則不得兔兔化而狗則不爲兔人君而好爲人官有似於此其臣蔽之人時禁之君自蔽則莫之敢禁夫自爲人官自蔽之精者也袚篲日用而不藏於篋故用則衰動則暗作則倦衰暗倦三者非君道也大橈作甲子黔如作虜首容成作曆羲和作占日尚儀作占月后益作占

作虜

此即前篇爲在于臣意

此即前篇知乃無知意

歳胡曹作衣夷羿作弓祝融作市儀狄作酒高元作室虞姁作舟伯益作井赤冀作臼乘雅作駕寒哀作御王氷作服牛史皇作圖巫彭作醫巫咸作筮此二十官者聖人之所以治天下也聖王不能二十官之事然而使二十官盡其巧畢其能聖王在上故也聖王之所不能也所以能之也所不知也所以知之也養其神修其德而化矣豈必勞形愁弊耳目哉是故聖王之德融乎若月之始出極燭六合而無所窮屈昭乎

句法

句法

章法似莊周

若日之光變化萬物而無所不行神合乎太一生無所屈而意不可障精通乎鬼神深微玄妙而莫見其形今日南面百邪自正而天下皆反其情黔首畢樂其志安育其性而莫爲不成故善爲君者矜服性命之情而百官已治矣黔首已親矣名號已章矣管子復於桓公曰墾田大邑辟土藝粟盡地力之利臣不若甯遫請置以爲大田登降辭讓進退閑習臣不若隰朋請置以爲大行蚤入晏出犯君顏色進諫必忠不辟

全用反振法

死亡不重富貴臣不如東郭牙請置以爲大諫臣平原廣城車不結軼士不旋踵鼓之三軍之士視死如歸臣不若王子城父請置以爲大司馬決獄折中不殺不辜不誣無罪臣不若玆章請置以爲大理君若欲治國彊兵則五子者足矣君欲霸王則夷吾在此桓公曰善令五子皆任其事以受令於管子十年九合諸侯一匡天下皆夷吾與五子之能也管子人臣也不任已之不能而以盡五子之能況於人主乎人主知

名實相須關鎖極有力

能不能之可以君民也則幽詭愚險之言無不職矣百官有司之事畢力竭智矣五帝三皇之君民也下固不過畢力竭智也夫君人而知無恃其能勇力誠信則近之矣凡君也者處乎靜任德化以聽其要若此則形性彌羸而耳目愈精百官慎職而莫敢愉綖人事其事以充其名名實相保之謂知道

知度

五曰明君者非徧見萬物也明於人主之所執

有職者數句乃知度之要

也有術之主者非一自行之也知百官之要也知百官之要故事省而國治也明於人主之所執故權專而姦止姦止則說者不來而情諭矣情者不飾而事實見矣此謂之至治至治之世其民不好空言虚辭不好滛學流說賢不肖各反其質其行情不離其素蒙厚純樸以事其上若此則工拙愚智勇懼可得以故易官易官則各當其任矣故有職者安其職不聽其議無職者責其實以驗其辭此二者審則無用之言不

入於朝矣君服性命之情去愛惡之心用虛無
爲本以聽有用之言謂之朝凡朝也者相與召
理義也相與植法則也上服性命之情則理義
之士至矣法則之用植矣枉僻邪撓之人退矣
貪得僞詐之曹遠矣故治天下之要存乎除姦
除姦之要存乎治官治官之要存乎治道治道
之要存乎知性命故子華子曰厚而不博敬守
一事正性是喜羣衆不周而務成一能盡能既
成四夷乃平唯彼天符不周而周此神農之所

因舊法而不改爲責成功而不徧見此正謂之知度

以長而堯舜之所以章也人主自智而愚人自巧而拙人若此則愚拙者請矣巧智者詔矣詔多則請者愈多矣請者愈多且無不請也主雖巧智未無不知也以未無不知應無不請其道固窮爲人主而數窮於其下將何以君人乎窮而不知其窮其患又將反以自多是之謂重塞之主無存國矣故有道之主因而不爲責而不詔去想去意靜虛以待不伐之言不奪之事督名審實官使自司以不知爲道以奈何爲實堯

與言任人與韓非意同

曰若何而爲及日月之所燭舜曰若何而服四荒之外禹曰若何而治青北化九陽奇怪之所際趙襄子之時以任登爲中牟令上計言於襄子曰中牟有士曰膽胥己請見之襄子見而以爲中大夫相國曰意者君耳而未之目耶爲中大夫若此其見也非晉國之故襄子曰吾舉登也已耳而目之矣登所舉吾又耳而目之矣是耳目人終無已也遂不復問而以爲中大夫襄子何爲任人則賢者畢力人主之患必在任人

此言國之興
係于用人

語王伯而托于
賢臣指伊尹等
所實之最醒豁
入處

而不能用之用之而與不知者議之也絕江者託於船致遠者託於驥霸王者託於賢伊尹呂尚管夷吾百里奚此霸王者之船驥也釋父兄與子弟非疏之也任庖人釣者與仇人僕虜非阿之也持社稷立功名之道不得不然也猶大匠之爲宮室也量小大而知材木矣訾功丈而知人數矣故小臣呂尚聽而天下知殷周之王也管夷吾百里奚聽而天下知齊秦之霸也豈特驥遠哉夫成王霸者固有人亡國者亦有人

对諭

直諭

此上四題揔只發明君人無爲而爲在于臣一意

此言國家有大勢輕重大小是也君能審勢慎之則治不然則乱反覆辨論詞語悠揚

桀用羊辛紂用惡來宋用駃唐齊用蘇秦而天下甚亡非其人而欲有功譬之若夏至之日而欲夜之長也射魚指天而欲發之當也舜禹猶若困而況俗主乎

直諭

慎勢

六曰失之乎數求之乎信疑失之乎勢求之乎國危吞舟之魚陸處則不勝螻蟻權鈞則不能相使勢等則不能相并治亂齊則不能相正故小大輕重少多治亂不可不察此禍福之門也

凡冠帶之國舟車之所通不用象譯狄鞮方三千里古之王者擇天下之中而立國擇國之中而立宮擇宮之中而立廟天下之地方千里以爲國所以極治任也非不能大也其大不若小其多不若少衆封建非以私賢也所以便勢全威所以博義義博利則無敵無敵者安故觀於上世其封建衆者其福長其名彰神農十七世有天下與天下同之也王者之封建也彌近彌大彌遠彌小海上有十里之諸侯以大使小以

逐段詳論勢之當慎王者以其勢而無敵故上下相安大小相使而嫌疑不生

重使輕以衆使寡此王者之所以家以完也故曰以滕費則勞以鄒魯則逸以宋鄭則猶倍日而馳也以齊楚則舉而加綱旃而已矣所用彌大所欲彌易湯其無郼武其無岐賢雖十全不能成功湯武之賢而猶藉知乎勢又況不及湯武者乎故以大畜小吉以小畜大滅以重使輕從以輕使重凶自此觀之夫欲定一世安黔首之命功名著乎槃盂銘篆著乎壺鑑其勢不厭尊其實不厭多多實尊勢賢士制之以遇亂世

王猶尚少天下之民窮矣苦矣民之窮苦彌甚
王者之彌易凡王也者窮苦之救也水用舟陸
用車塗用輴沙用鳩山用樏因其勢也者令行
位尊者其教受威立者其姦止此畜人之道也
故以萬乘令乎千乘易以千乘令乎一家易以
一家令乎一人易嘗識及此雖堯舜不能諸侯
不欲臣於人而不得已其勢不便則奚以易臣
權輕重審大小多建封所以便其勢也王也者
勢也王也者勢無敵也勢有敵則王者廢矣有

知小之愈於大少之賢於多者則知無敵矣知
無敵則似類嫌疑之道遠矣故先王之法立天
子不使諸侯疑焉立諸侯不使大夫疑焉立適
子不使庶孽疑焉疑生爭爭生亂是故諸侯失
位則天下亂大夫無等則朝廷亂妻妾不分則
家室亂適孽無別則宗族亂愼子曰今一兔走
百人逐之非一兔足爲百人分也由未定由未
定堯且屈力而況衆人乎積兔滿市行者不顧
非不欲兔也分已定矣分以定人雖鄙不爭故

治天下及國在乎定分而已矣莊王圍宋九月康王圍宋五月聲王圍宋十月楚三圍宋矣而不能亡非不可亡也以宋攻楚奚時止矣凡功之立也賢不肖彊弱治亂異也齊簡公有臣曰諸御鞅諫於簡公曰陳成常與宰予之二臣者甚相憎也臣恐其相攻也相攻唯固則危上矣願君之去一人也簡公曰非而（一作汝）細人所能識也居無幾何陳成常果攻宰予於庭即簡公於廟簡公喟焉太息曰余不能用鞅之言以至此患

此篇以一立說雖是而指摘古人各一其貴見以爲二其立意則非且夫子焉不貴而僅以仁稱至下與孫臏輩齒其擬人又

也失其數無其勢雖悔無聽輒也與無悔同是不知恃可恃而恃不恃也周鼎著象爲其理之通也理通君道也

不二

七曰聽羣衆人議以治國國危無日矣何以知其然也老耽貴柔孔子貴仁墨翟貴廉關尹貴清子列子貴虛陳駢貴齊陽生貴己孫臏貴勢王廖貴先兒良貴後有金鼓所以一耳必同法令所以一心也智者不得巧愚者不得拙所以

大不倫也

無術之智不教之能與君守篇不教之教無言之詔意同

一衆也勇者不得先懼者不得後所以一力也故一則治異則亂一則安異則危夫能齊萬不同愚智工拙皆盡力竭能如出乎一穴者其唯聖人矣乎無術之智不教之能而恃疆速貫習不足以成也

執一

八曰天地陰陽不革而成萬物不同目不失其明而見白黑之殊耳不失其聽而聞淸濁之聲王者執一而爲萬物正軍必有將所以一之也

只前意愈翻愈妙

約之不出于身所謂執一者也

國必有君所以一之也天下必有天子所以一之也天子必執一所以摶之也一則治兩則亂今御驪馬者使四人人操一策則不可以出於門閭者不一也楚王問爲國於詹子詹子對曰何聞爲身不聞爲國詹子豈以國可無爲哉以爲爲國之本在於爲身身爲而家爲家爲而國爲國爲而天下爲故曰以身爲家以家爲國以國爲天下此四者異位同本故聖人之事廣之則極宇宙窮日月約之則無出乎身者也慈親

達之而忠孝成故曰以身爲国爲家爲天下

不能傳於子忠臣不能入於君唯有其材者爲延之田駢以道術說齊齊王應之曰寡人所有者齊國也願聞齊國之政田駢對曰臣之言無政而可以得政譬之若林木無材而可以得材願王之自取齊國之政也駢猶淺言之也博言之豈獨齊國之政哉變化應來而皆有章因性任物而莫不宜當彭祖以壽三代以昌五帝以昭神農以鴻吳起謂商文曰事君果有命矣夫商文曰何謂也吳起曰治四境之內成馴教變

習俗使君臣有義父子有序子與我孰賢商文
曰吾不若子曰今日置質爲臣其主安重今日
釋璽辭官其主安輕子與我孰賢商文曰吾不
若子曰士馬成列馬與人敵人在馬前援桴一
鼓使三軍之士樂死若生子與我孰賢商文曰
吾不若子吳起曰三者子皆不吾若也位則在
吾上命也夫事君商文曰善子問我我亦問子
世變主少羣臣相疑黔首不定屬之子乎屬之
我乎吳起默然不對少選曰與子商文曰是吾

所以加於子之上巳矣起見其所以長而不見其所以短知其所以賢而不知其所以不肖故勝於西河而困於王錯傾造大難身不得死焉夫吳勝於齊而不勝於越齊勝於宋而不勝於燕故凡能全國完身者其唯知長短嬴絀之化耶

呂氏春秋

第十八卷

審應覽凡八篇

應言
具備

淮南記曰先唱者窮之路後動者達之原故言動欲後

執其要是一篇之綱下詳引以明之

呂氏春秋卷十八

審應覽

審應

一曰人主出聲應容不可不審凡主有識言不欲先人唱我和人先我隨以其出為之入以其言為之名取其實以責其名則說者不敢妄言而人主之所執其要矣孔思請行魯君曰天下主亦猶寡人也將焉之孔思對曰蓋聞君子猶鳥也駭則舉魯君曰主不肖而皆以然也違不

蘇子曰君子擇君而仕猶鳥之審木而棲即此意也

肖過不肖而自以爲能論天下之主乎凡鳥之
舉也去駭從不駭去駭從不駭未可知也去駭
從駭則鳥曷爲舉矣孔思之對魯君也亦過矣
魏惠王使人謂韓昭侯曰夫鄭乃韓氏亾之也
願君之封其後也此所謂存亾繼絕之義君若
封之則大名昭侯患之公子食我曰臣請往對
之公子食我至於魏見魏王曰大國命弊邑封
鄭之後弊邑不敢當也弊邑爲大國所患昔出
公之後聲氏爲晉公拘於銅鞮大國弗憐也而

斷其飾非遂過止所謂曰其出以為入者也

轉折委婉

使弊邑存亾繼絶弊邑不敢當也魏王懟曰固非寡人之志也客請勿復言是舉不義以行不義也魏王雖無以應韓之為不義愈益厚也公子食我之辯適足以飾非遂過魏昭王問於田詘曰寡人之在東宫之時聞先生之議曰爲聖易有諸乎田詘對曰臣之所舉也昭王曰然則先生聖于田詘對曰未有功而知其聖也是堯之知舜也待其功而後知其舜也是市人之知聖也今詘未有功而王問詘曰若聖乎敢問王

此正虛言而不可責實處

貪主態狀

亦其堯邪昭王無以應田詘之對昭王固非曰我知聖也耳問曰先生其聖乎已因以知聖對昭王昭王有非其有田詘不察趙惠王謂公孫龍曰寡人事偃兵十餘年矣而不成兵不可偃乎公孫龍對曰偃兵之意兼愛天下之心也兼愛天下不可以虛名爲也必有其實今藺離石入秦而王縞素出總（一作布）東攻齊得城而王加膳置酒秦得地而王出總齊亾地而王加膳所非兼愛之心也此偃兵之所以不成也今有人於此

言君欲在官民欲在民各欲其歸于己也

無禮慢易而求敬阿黨不公而求令煩號數變而求靜暴戾貪得而求定雖黃帝猶若困衞嗣君欲重稅以聚粟民弗安以告薄疑曰民甚愚矣夫聚粟也將以爲民也其自藏之與在於上奚擇薄疑曰不然其在於民而君弗知其不如在上也其在於上而民弗知其不如在民也凡聽必反諸己審則令無不聽矣國久則固固則難亡今虞夏殷周無存者皆不知反諸己也公子沓相周申向說之而戰公子沓訾之曰申子

由向啓公子沓以敬長之義能因人言之出以爲入也

說我而戰爲吾相也夫申向曰向則不肖雖然公子年二十而相見老者而使之戰請問䜣病哉公子沓無以應戰者不習也使人戰者嚴駔也意者恭節而人猶戰任不在貴者矣故人雖時有自失者猶無以易恭節自失不足以難以嚴駔則可

重言

二曰人主之言不可不慎高宗天子也即位諒闇三年不言卿大夫恐懼患之高宗乃言曰以

棹語有力

余一人正四方余唯恐言之不類也茲故不言古之天子其重言如此故言無遺者成王與唐叔虞燕居援梧葉以爲珪而授唐叔虞曰余以此封女叔虞喜以告周公周公以請曰天子其封虞邪成王曰余一人與虞戲也周公對曰臣聞之天子無戲言天子言則史書之工誦之士稱之於是遂封叔虞于晉周公旦可謂善說矣一稱而令成王益重言明愛弟之義有輔王室之固荊莊王立三年不聽而好讔成公賈入諫

善喻亦善悟

王曰不穀禁諫者今子諫何故對曰臣非敢諫也願與君王讔也王曰胡不設不穀矣對曰有鳥止于南方之阜三年不動不飛不鳴是何鳥也王射之曰有鳥止於南方之阜其三年不動將以定志意也其不飛將以長羽翼也其不鳴將以覽民則也是鳥雖無飛飛將冲天雖無鳴鳴將駭人賈出矣不穀知之矣明日朝所進者五人所退者十人羣臣大說荆國之衆相賀也故詩曰何其久也必有以也何其處也必有與

句法

轉折變幻緊緊相從

美詞美事

𤸷音怡病也

也其莊王之謂耶成公賈之讔也賢於太宰嚭之說也太宰嚭之說聽乎夫差而吳國爲墟成公賈之讔喻乎荊王而荊國以霸齊桓公與管仲謀伐莒謀未發而聞于國桓公怪之曰與仲父謀伐莒謀未發而聞于國其故何也管仲曰國必有聖人也桓公曰譆日之役者有執蹠𤸷而上視者意者其是耶乃令復役無得相代少頃東郭牙至管仲曰此必是已乃命賓者延之而上分級而立管子曰子邪言伐莒者對曰然

倒句

意存于中必暴于外因外占内非億度也知其理也所以謂之元覽

管仲曰我不言伐莒子何故言伐莒對曰臣聞君子善謀小人善意臣竊意之也管仲曰我不言伐莒子何以意之對曰臣聞君子有三色顯然善樂者鍾鼓之色也湫然清淨者衰經之色也艴然充盈手足矜者兵革之色也日者臣望君之在臺上也艴然充盈手足矜者此兵革之色也君呿而不唫所言者莒也君舉臂而指所當者莒也臣竊以慮諸侯之不服者其唯莒乎臣故言之凡耳之聞以聲也今不聞其聲而以

此識而明者也
正審應之要

題曰精諭誠有
味乎其言之也

此即海鷗忘機
之談

其容與臂是東部牙不以耳聽而聞也桓公管仲唯善匿弗能隱矣故聖人聽於無聲視於無形詹何田子方老耽是也

精諭

三曰聖人相諭不待言有先言言者也海上之人有好蜻者每居海上從蜻游蜻之至者百數而不止前後左右盡蜻也終日玩之而不去其父告之曰聞蜻皆從女居取而來吾將玩之明日之海上而蜻無至者矣勝書說周公旦曰廷

只此二句收何等老健

小人衆徐言則不聞疾言則人知之徐言乎疾言乎周公旦曰徐言勝書曰有事於此而精言之而不明勿言之而不成精言乎勿言乎周公旦曰勿言故勝書能以不言說而周公旦能以不言聽此之謂不言之聽不言之謀不聞之事殷雖惡周不能疵矣口瘖不言以精相告紂雖多心弗能知矣目視於無形耳聽於無聲商聞雖衆弗能窺矣同惡同好志皆有欲雖爲天子弗能離矣孔子見溫伯雪子不言而出子貢曰

顧答石水二段
皆隱諭也

與言微言不如
不言不言又不
如知言

夫子之欲見溫伯雪子好矣今也見之而不言其故何也孔子曰若夫人者目擊而道存矣不可以容聲矣故未見其人而知其志見其人而心與志皆見天符同也聖人之相知豈待言哉白公問於孔子曰人可與微言乎孔子不應白公曰若以石投水奚若孔子曰沒人能取之白公曰若以水投水奚若孔子曰淄澠之合者易牙嘗而知之白公曰然則人不可與微言乎孔子曰胡爲不可唯知言之謂者爲可耳白公弗

二語喚醒題旨

伐莒伐衛二事皆不以言

得也知謂則不以言矣言者謂之屬也求魚者濡爭獸者趨非樂之也故至言去言至爲無爲淺智者之所爭則末矣此白公之所以死於法室齊桓公合諸侯衛人後至公朝而與管仲謀伐衛退朝而入衛姬望見君下堂再拜請衛君之罪桓公曰吾與衛無故子曷爲請對曰妾望君之入也足高氣彊有伐國之志也見妾而有動色伐衛也明日君朝揖管仲而進之管仲曰君舍衛乎公曰仲父安識之管仲曰君之揖朝

瞽夜燭燎一語奇妙

前後四章皆說不言而喻之事人之精英自不可掩

也恭而言也徐見臣而有憋色臣是以知之君曰善仲父治外夫人治内寡人知終不爲諸侯笑矣桓公之所以匿者不言也今管子乃以容貌音聲夫人乃以行步氣志桓公雖不言若暗夜而燭燎也晉襄公使人於周曰弊邑寡君寢疾卜以守龜曰三塗爲祟弊邑寡君使下臣願藉途而祈福焉天子許之朝禮使者事畢客出萇弘謂劉康公曰夫祈福於三塗而受禮於天子此柔嘉之事也而客武色殆有他事願公備

此所謂不待言而先言言者也

之也劉康公乃儆戎車卒士以待之晉果使祭事先因令楊子將卒十二萬而隨之涉於棘津襲聊阮梁蠻氏滅三國焉此形名不相當聖人之所察也萇弘則審矣故言不足以斷小事唯知言之謂者可爲

一篇危語更是涉世深言

毁譽成黨數句是篇中大旨

離謂

四曰言者以諭意也言意相離凶也亂國之俗甚多流言而不顧其實務以相毀務以相譽毀譽成黨衆口熏天賢不肖不分以此治國賢主

猶惑之也又況乎不肖者乎惑者之患不自以爲惑故惑惑之中有曉焉冥冥之中有昭焉亾國之主不自以爲惑故與桀紂幽厲皆也然有亾者國無二道矣鄭國多相縣以書者子產令無縣書鄧析致之子產令無致書鄧析倚之令無窮則鄧析應之亦無窮矣是可不可無辨也可不可無辨而以賞罰其罰愈疾其亂愈疾此爲國之禁也故辨而不當理則僞知而不當理則詐詐僞之民先王之所誅也理也者是非之

市井舞文之魁後之起滅者類此

宗也洧水甚大鄭之富人有溺者人得其死者
富人請贖之其人求金甚多以告鄧析鄧析曰
安之人必莫之賣矣得死者患之以告鄧析鄧
析又荅之曰安之此必無所更買矣夫傷忠臣
者有似於此也夫無功不得民則以其無功不
得民傷之有功得民則又以其有功得民傷之
人主之無度者無以知此豈不悲哉比干萇弘
以此死箕子商容以此窮周公召公以此疑范
蠡子胥以此流死生存亡安危從此生矣子産

此應上賢不肖
不分賢主猶惑
之意

治鄭鄧析務難之與民之有獄者約大獄一衣
小獄襦袴民之獻衣襦袴而學訟者不可勝數
以非爲是以是爲非是非無度而可與不可日
變所欲勝因勝所欲罪因罪鄭國大亂民口讙
譁子產患之於是殺鄧析而戮之民心乃服是
非乃定法律乃行今世之人多欲治其國而莫
之誅鄧析之類此所以欲治而愈亂也齊有事
人者所事有難而弗死也遇故人於塗故人曰
固不死乎對曰然凡事人以爲利也死不利故

奸臣負國靦然不恥

極有波濤信口說去自然結搆

不死故人曰子尚可以見人乎對曰子以死爲顧可以見人乎是者數傳不死於其君長大不義也其辭猶不可服辭之不足以斷事也明矣夫辭者意之表也鑒其表而棄其意悖故古之人得其意則舍其言矣聽言者以言觀意也聽言而意不可知其與橋言（戾也）無擇齊人有淳于髡者以從說魏王魏王辯之約車十乘將使之荆辭而行有以橫說魏王魏王乃止其行失從之意又失橫之事夫其多能不若寡能其有辯不

言不根心隨聲附會適足以取敗深中策士之弊

游詞也強可得之弱弱不可得之強

若無辯周鼎著倕而齕其指先王有以見大巧之不可爲也

淫辭

五曰非辭無以相期從辭則亂亂辭之中又有辭焉心之謂也言不欺心則近之矣凡言者以諭心也言心相離而上無以參之則下多所言非所行也所行非所言也言行相詭不祥莫大焉空雄之遇秦趙相與約約曰自今以來秦之所欲爲趙助之趙之所欲爲秦助之居無幾何

秦興兵攻魏趙欲救之秦王不說使人讓趙王曰約曰秦之所欲爲趙助之趙之所欲爲秦助之今秦欲攻魏而趙因欲救之此非約也趙王以告平原君平原君以告公孫龍公孫龍曰亦可以發使而讓秦王曰趙欲救之今秦王獨不助趙此非約也孔穿公孫龍相與論於平原君所深而辯至於藏三牙公孫龍言藏之三牙甚辯孔穿不應少選辭而出明日孔穿朝平原君謂孔穿曰昔者公孫龍之言甚辯孔穿曰然幾

公孫龍惠施等
倡游言以惑世
主國得不亂乎

能令藏三牙矣雖然難願得有問於君謂藏三牙甚難而實非也謂藏兩牙甚易而實是也不知君將從易而是也者乎將從難而非者乎平原君不應明日謂公孫龍曰公無與孔穿辯荆柱國莊伯令其父視日日在天視其奚如曰正圓視其時日當今令謁者駕曰無馬令涓人取冠進上問馬齒圉人曰齒十二與牙三十人有任臣不亡者臣亡莊伯決之任者無罪宋有澄子者亡緇衣求之塗見婦人衣緇衣援而弗舍

喻語矯健

欲取其衣曰今者我亡緇衣婦人曰公雖亡緇衣此實（一作真）吾所自爲也澄子曰子不如速與我衣昔吾所亡者紡緇也今子之衣禪緇也以禪緇當紡緇子豈不得哉宋王謂其相唐鞅曰寡人所殺戮者衆矣而羣臣愈不畏其故何也唐鞅對曰王之所罪盡不善者也罪不善善者故爲不畏王欲羣臣之畏也不若無辨其善與不善而時罪之若此則羣臣畏矣居無幾何宋君殺唐鞅唐鞅之對也不若無對惠子爲魏惠王爲

含蓄不盡

通篇以說惠施一人之事見其虚名惑世游辭

法爲法已成以示諸民人民人皆善之獻之惠王惠王善之以示翟翦翟翦曰善也惠王曰可行耶翟翦曰不可惠王曰善而不可行何故翟翦對曰今舉大木者前呼輿謣後亦應之此其於舉大木者善矣豈無鄭衛之音哉然不若此其宜也夫國亦木之大者也

不屈

六曰察士以爲得道則未也雖然其應物也辭難窮矣辭雖窮其爲禍福猶未可知察而以達

亂國

游詞

理明義則察爲福矣察而以飾非惑愚則察爲禍矣古者之貴善御也以逐暴禁邪也魏惠王謂惠子曰上世之有國必賢者也今寡人實不若先生願得傳國惠子辭王又固請曰寡人莫有之國於此者也而傳之賢者民之貪爭之心止矣欲先生之以此聽寡人也惠子曰若王之言則施不可而聽矣王固萬乘之主也以國與人猶尚可今施布衣也可以有萬乘之國而辭之此其止貪爭之心愈甚也惠王謂惠子曰古

惠王幸享傳國之名惠子幸享不受之名以爲必誠也

之有國者必賢者也夫受而賢者舜也是欲惠子之爲舜也夫辭而賢者許由也是惠子欲爲許由也傳而賢者堯也是惠王欲爲堯也堯舜許由之作非獨傳舜而由辭也他行稱此今無其他而欲爲堯舜許由故惠王布冠而拘於鄄齊威王幾弗受惠子易衣變冠乘輿而走幾不出乎魏境凡自行不可以幸爲必誠匡章謂惠子於魏王之前曰蝗螟農夫得而殺之奚故爲其害稼也今公行多者數百乘步者數百人少

以下斷案

匡章之識良是

强詞奪理易於惑人

者數十乘步者數十人此無耕而食者其害稼亦甚矣惠王曰惠子施也難以辭與公相應雖然請言其志惠子曰今之城者或者操大築乎城上或負畚而赴乎城下或操表掇以善睎望若施者其操表掇者也使工女化而爲絲不能治絲使大匠化而爲木不能治木使聖人化而爲農夫不能治農夫施而治農夫者也公何事比施於螣螟乎惠子之治魏爲本其治不治當惠王之時五十戰而二十敗所殺者不可勝數

此下斷案

莊周嘗稱惠施
觀此獨詳

大將愛子有禽者也大術之愚爲天下笑得與
其諱乃請令周太史更著其名圍邯鄲三年而
弗能取士民罷潞國家空虛天下之兵四至衆
庶誹謗諸侯不譽（一作與）謝於翟翦而更聽其謀社稷
乃存名寶散出土地四削魏國從此衰矣仲父
大名也讓國大實也說以不聽不信聽而若此
不可謂工矣不工而治賊天下莫大焉幸而獨
聽於魏也以賊天下爲實以治之爲名匡章之
非不亦可乎白圭新與惠子相見也惠子說之

媚行徐行

益見惠施強辯

以疆白圭無以應惠子出白圭告人曰人有新取婦者婦至宜安矜煙視媚行豎子操蕉火而鉅新婦曰蕉火大鉅入於門門中有斂陷新婦曰塞之將傷人之足此非不便之家氏也然而有大甚者今惠子之遇我尚新其說我有大甚者惠子聞之曰不然詩曰愷悌君子民之父母愷者大也悌者長也君子之德長且大者則爲民父母父母之教子也豈待久哉何事比我於新婦乎詩豈曰愷悌新婦哉誹汙因汙誹辟因

辟是誹者與所非同也白圭曰惠子之遇我尚
新其說我有大甚者惠子聞而誹之因自以爲
爲之父母其非有甚於白圭亦有大甚者

應言

七曰白圭謂惠王曰市丘之鼎以烹雞多洎之
則淡而不可食少洎之則焦而不熟然而視之
蝺焉美無所可用惠子之言有似於此惠子聞
之曰不然使三軍饑而居鼎旁適爲之甑則莫
宜之此鼎矣白圭聞之曰無所可用者意者徒

肉汁曰洎

言鼎大無用加甑則庶可用也

加其甗邪白圭之論自悖其少魏王大甚以惠
子之言蝺焉美無所可用是魏王以言無所可
用者爲仲父也是以言無所用者爲美也公孫
龍說燕昭王以偃兵昭王曰甚善寡人願與客
計之公孫龍曰竊意大王之弗爲也王曰何故
公孫龍曰日者大王欲破齊諸天下之士其欲
破齊者大王盡養之知齊之險阻要塞君臣之
際者大王盡養之雖知而弗欲破者大王猶若
弗養其卒果破齊以爲功今大王曰我甚取偃

兵諸侯之士在大王之本朝者盡善用兵者也
臣是以知大王之弗爲也王無以應司馬喜難
墨者師於中山王前以非攻曰先王之所術非
攻夫墨者師曰然曰今王興兵而攻燕先生將
非王乎墨者師對曰然則相國是攻之乎司馬
喜曰然墨者師曰今趙興兵而攻中山相國將
是之乎司馬喜無以應路說謂周頗曰公不愛
趙天下必從周頗曰固欲天下之從也天下從
則秦利也路說應之曰然則公欲秦之利夫周

頗曰欲之路說曰公欲之則胡不爲從矣魏令
孟卯割絳汾安邑之地以與秦王王喜令起賈
爲孟卯求司徒於魏王魏王不說應起賈曰卯
寡人之臣也寡人寧以臧爲司徒無用卯願大
王之更以他人詔之也起賈出遇孟卯於廷曰
公之事何如起賈曰公甚賤於公之主公之主
曰寧用臧爲司徒無用公孟卯入見謂魏王曰
秦客何言王曰求以女爲司徒孟卯曰王應之
謂何王曰寧以臧無用卯也孟卯太息曰宜矣

叙有波瀾節奏
孟卬一時情事
宛然

王之制於秦也王何疑秦之善臣也以絳窌安邑令負牛書與秦猶乃善牛也卬雖不肖獨不如牛乎且王令三將軍爲臣先曰視卬如身是重臣也令二輕臣也令臣責卬雖賢固能乎居三日魏王乃聽起賈凡人主之與其大官也爲有益也今割國之錙錘矣而因得大官且何地以給之大官人臣之所欲也孟卬令秦得其所欲秦亦令孟卬得其所欲責以償矣尚有何責魏雖彊猶不能責無責又況於弱魏王之令乎

三論謂河内與梁及身也

孟卯爲司徒以棄其責則拙也秦王立帝宜陽令許綰誕魏王魏王將入秦魏敬謂王曰以河内孰與梁重王曰梁重又曰梁孰與身重王曰身重又曰若使秦求河内則王將與之乎王曰弗與也魏敬曰河内三論之下也身三論之上也秦索其下而王弗聽索其上而王聽之臣竊不取也王曰甚然乃輒輟行秦雖大勝於長平三年然後決士民倦糧食當此時也兩周全其北存魏舉陶削衛地方六百有之勢是而入大

所貴于駛驥者必至也繫其足則駑馬先之矣所勇于孟賁者必敵也縛其手則女子勝之矣故自古英傑功幾垂成而卒以掣肘敗者往往

蚤奚待於魏敬之說也夫未可以入而入其患有將可以入而入其患有將可以入而不入入與不入之時不可不熟論也

具備

八日今有羿蠭蒙繁弱於此而無弦則必不能中也中非獨弦也而弦爲弓中之具也夫立功名亦有具不得其具賢雖過湯武則勞而無功矣湯嘗約於郼薄矣武王嘗窮於畢裎矣伊尹嘗居於庖廚矣太公嘗隱於釣魚矣賢非衰也

也

子賤請二吏以行而回以默喻卒之化行亶父雖其脩先得哉要亦見之明耳

智非愚也皆無其具也故凡立功名雖賢必有其具然後可成宓子賤治亶父恐魯君之聽說人而令己不得行其術也將辭而行請近吏二人於魯君與之俱至於亶父邑吏皆朝宓子賤令吏二人書吏方將書宓子賤從旁時掣搖其肘吏書之不善則宓子賤爲之怒吏甚患之辭而請歸宓子賤曰子之書甚不善子勉歸矣二吏歸報於君曰宓子不可爲書君曰何故吏對曰宓子使臣書而時掣搖臣之肘書惡而有甚

怒吏皆笑宓子此臣所以辭而去也魯君太息
而歎曰宓子以此諫寡人之不肖也寡人之亂
子而令宓子不得行其術必數有之矣微二人
寡人幾過遂發所愛而令之亶父告宓子曰自
今以來亶父非寡人之有也子之有也有便於
亶父者子決爲之矣五歲而言其要宓子敬諾
乃得行其術於亶父三年巫馬期短褐衣弊裘
而往觀化於亶父見夜漁者得則舍之巫馬期
問焉曰漁爲得也今子得而舍之何也封曰宓

詳諭

機心未動則鷗鳥不飛仁意既孚則虎口不噬皆誠動故也

子不欲人之取小魚也所舍者小魚也巫馬期歸告孔子曰宓子之德至矣使民闇行若有嚴刑於旁敢問宓子何以至於此孔子曰丘嘗與之言曰誠乎此者刑乎彼宓子必行此術於亶父也夫宓子之得行此術也魯君後得之也魯君後得之者宓子先有其備也先有其備豈遽必哉此魯君之賢也三月嬰兒軒冕在前弗知欲也斧斤越在後弗知惡也慈母之愛諭焉誠也故誠有誠乃合於情精有精乃通於天乃通於

詳諭

二語脫胎

天水木石之性皆可動也又況於有血氣者乎故凡說於治之務莫若誠聽言哀者不若見其哭也聽言怒者不若見其鬬也說與治不誠其動人心不神

呂氏春秋

第十九卷

離俗覽凡八篇

貴信
舉難

首言人之所貴者理義不以榮名次序尚理義不慕榮名者真離羣超世之士末言人若當求離羣清脩之士軌度森嚴氣勢雋逸

呂氏春秋卷十九

離俗覽

離俗

一曰世之所不足者理義也所有餘者妄苟也民之情貴所不足賤所有餘故布衣人臣之行潔白清廉中繩愈窮愈榮雖死天下愈高之所不足也然而以理義斵削神農黃帝猶有可非微獨舜湯飛兎要褭古之駿馬也材猶有短故以繩墨取木則宮室不成矣舜讓其友石戶之

農石戶之農曰棬棬乎后之爲人也葆力之士也以舜之德爲未至也於是乎夫負妻妻攜子以入於海去之終身不反舜又讓其友北人無擇北人無擇曰異哉后之爲人也居於甽畝之中而游入於堯之門不若是而已又欲以其辱行漫我我羞之而自投於蒼領之淵湯將伐桀因卞隨而謀卞隨辭曰非吾事也湯曰孰可卞隨曰吾不知也湯又因務光而謀務光曰非吾事也湯曰孰可務光曰吾不知也湯曰伊尹何

一轉更奇峭

如務光曰彊力忍訽吾不知其他也湯遂與伊尹謀夏伐桀克之以讓卞隨卞隨辭曰后之伐桀也謀乎我必以我爲賊也勝桀而讓我必以我爲貪也吾生乎亂世而無道之人再來訽我吾不忍數聞也乃自投於潁水而死湯又讓於務光曰智者謀之武者遂之仁者居之古之道也吾子胡不位之請相吾子務光辭曰廢上非義也殺民非仁也人犯其難我享其利非廉也吾聞之非其義不受其利無道之世不踐其土

四士固以清潔自高第僅舜與湯之特亦矯矯自好者流

況於尊我乎吾不忍久見也乃負石而沈於募水故如石戶之農北人無擇卞隨務光者其視天下若六合之外人之所不能察其視富貴也苟可得已則必不之賴高節厲行獨樂其意而物莫之害不漫於利不牽於執而羞居濁世惟此四士者之節若夫舜湯則苞裹覆容緣不得已而動因時而爲以愛利爲本以萬民爲義譬之若釣者魚有小大餌有宜適羽有動靜齊晉相與戰平阿之餘子亡戟得矛卻而去不自快

餘子壯子以守死爲善道不軌于正與前四士又相反

謂路之人曰亡戟得矛可以歸乎路之人曰戟亦兵也矛亦兵也亡兵得兵何爲不可以歸去行心猶不自快遇高唐之孤叔無孫當其馬前曰今者戰亡戟得矛可以歸乎叔無孫曰矛非戟也戟非矛也亡戟得矛豈亢責也哉平阿之餘子曰嘻還反戰趨尚及之遂戰而死叔無孫曰吾聞之君子濟人於患必離其難疾驅而從之亦死而不反令此將衆亦必不北矣令此處人主之旁亦必死義矣今死矣而無大功其任

二句收繳上意
家完密警策

小故也任小者不知大也今焉知天下之無乎
阿餘子與叔無孫也故人主之欲得廉士者不
可不務求齊莊公之時有士曰賓卑聚夢有壯
子白縞之冠丹績之袧東布之衣新素履墨劔
室從而叱之唾其面惕然而寤徒夢也終夜坐
不自快明日召其友而告之曰吾少好勇年六
十而無所挫辱今夜辱吾將索其形期得之則
可不得將死之每朝與其友俱立乎衢三日不
得郤而自殁謂此當務則末也雖然其心之不

首說君子之窮通辨于義而不狥于俗乃一篇之要旨下援引以證之

厚也有可以加乎

高義

二曰君子之自行也動必緣義行必誠義俗雖謂之窮通也行不誠義動不緣義俗雖謂之通窮也然則君子之窮通有異乎俗者也故當功以受賞當罪以受罰賞不當雖與之必辭罰誠當雖赦之不外度之於國必利長久長久之於主必宜内及於心不慙然後動孔子見齊景公景公致廩丘以爲養孔子辭不受入謂弟子曰

一作務

借賓形主且有
回顧之法

吾聞君子當功以受祿今說景公景公未之行
而賜之廩丘其不知丘亦甚矣令弟子趣駕辭
而行孔子布衣也官在魯司寇萬乘難與比行
三王之佐不顯焉取舍不苟也夫子墨子游公
上過於越公上過語墨子之義越王說之謂公
上過曰子之師苟肯至越請以故吳之地陰江
之浦書社三百以封夫子公上過往復於子墨
子子墨子曰子之觀越王也能聽吾言用吾道
乎公上過曰殆未能也墨子曰不唯越王不知

呂氏以孔墨並論亦援儒而附墨也

翟之意雖子亦不知翟之意若越王聽吾言用
吾道翟度身而衣量腹而食比於賓萌未敢求
仕越王不聽吾言不用吾道雖全越以與我吾
無所用之越王不聽吾言不用吾道而受其國
是以義翟也義翟何必越雖於中國亦可凡人
不可不熟論秦之野人以小利之故弟兄相獄
親戚相恐今可得其國恐虧其義而辭之可謂
能守行矣其與秦之野人相去亦遠矣荊人與
吳人將戰荊師寡吳師衆荊將軍子囊曰我與

子囊雖出于奮激之言而其氣不撓不屈亦足爲殺身取義者勸

吳人戰必敗敗王師辱王名虧壤土忠臣不忍爲也不復於王而遁至於郊使人復於王曰臣請死王曰將軍之遁也以其爲利也今誠利將軍何死子囊曰遁者無罪則後世之爲王者將皆依不利之名而效臣遁若是則荆國終爲天下撓遂伏劒而死王曰請成將軍義乃爲之桐棺三寸加斧鑕其上人主之患存而不知所以存亡而不知所以亡此存亡之所以數至也郼岐之廣也萬國之順也從此生矣荆之爲四十

彼淳泣上書願以身而贖父罪者蓋亦石渚之遺風

二世矣嘗有乾谿白公之亂矣嘗有鄭襄州侯之避矣而今猶爲萬乘之大國其時有臣如子囊與子囊之節非獨厲一世之人臣也荆昭王之時有士焉曰石渚其爲人也公直無私王使爲政廷有殺人者石渚追之則其父也還車而反立於廷曰殺人者僕之父也以父行法不忍阿有罪廢國法不可失法伏罪人臣之義也於是乎伏斧鑕請死於王王曰追而不及豈必伏罪哉子復事矣石渚辭曰不私其親不可謂孝

以德義二字立柱而叙事詳勁更古雅濃厚

子事君枉法不可謂忠臣君令赦之上之惠也不敢廢法臣之行也不去斧鑕殁頭乎王廷正法枉必死父犯法而不忍王赦之而不肯石渚之爲人臣也可謂忠且孝矣

上德

三曰爲天下及國莫如以德莫如行義以德以義不賞而民勸不罰而邪止此神農皇帝之政也以德以義則四海之大江河之水不能亢矣太華之高會稽之險不能障矣闔廬之教孫吳

之兵不能當矣故古之王者德廻乎天地澹乎四海東西南北極日月之所燭天覆地載愛惡不臧虛素以公小民皆之其之敵而不知其所以然此之謂順天教變容改俗而莫得其所受之此之謂順情故古之人身隱而功著形息而名彰說通而化奮利行乎天下而民不識豈必以嚴罰厚賞哉嚴罰厚賞此衰世之政也三苗不服禹請攻之舜曰以德可也行德三年而三苗服孔子聞之曰通乎德之情則孟門太行不

爲險矣故曰德之速疾乎以郵傳命周明堂金
在其後有以見先德後武也舜其猶此乎其臧
武通於周矣晉獻公爲麗姬遠太子太子申生
居曲沃公子重耳居蒲公子夷吾居屈麗姬謂
太子曰往昔君夢見姜氏太子祠而膳于公麗
姬易之公將嘗膳姬曰所由遠請使人嘗之嘗
人人死食狗狗死故誅太子太子不肯自釋曰
君非麗姬居不安食不甘遂以劒死公子夷吾
自屈奔梁公子重耳自蒲奔翟去翟過衛衛文

不校而奔重耳良是漢戾太子之斬江充殆未聞此義

被瞻之諫豈出倍負羈下哉至其勸君之殺與盤飧置璧者殊則臣各為其主耳

公無禮焉過五鹿如齊齊桓公死去齊之曹曹共公視其駢脅使袒而捕池魚去曹過宋宋襄公加禮焉之鄭鄭文公不敬被瞻諫曰臣聞賢主不窮窮今晉公子之從者皆賢者也君不禮也不如殺之鄭君不聽去鄭之荆荆成王慢焉去荆之秦秦繆公入之晉既定興師攻鄭求被瞻被瞻謂鄭君曰不若以臣與之鄭君曰此孤之過也被瞻曰殺臣以免國臣願之被瞻入晉軍文公將烹之被瞻據鑊而呼曰三軍之士皆

錯綜有味

聽瞻也自今以來無有忠於其君者忠於其君者
將烹文公謝焉罷師歸之於鄭且被瞻忠於其
君而君免於晉患也行義於鄭而見說於文公
也故義之爲利博矣墨者鉅子孟勝善荆之陽
城君陽城君令守於國毀璜以爲符約曰符合
聽之荆王薨羣臣攻吳起兵於喪所陽城君與
焉荆罪之陽城君走荆收其國孟勝曰受人之
國與之有符今不見符而力不能禁不能死不
可其弟子徐弱諫孟勝曰死而有益陽城君死

孟勝守義而田
襄服于義證行
義足以順人處

之可矣無益也而絕墨者於世不可孟勝曰不
然吾於陽城君也非師則友也非友則臣也不
死自今以來求嚴師必不於墨者矣求賢友必
不於墨者矣求良臣必不於墨者矣死之所以
行墨者之義而繼其業者也我將屬鉅子於宋
之田襄子田襄子賢者也何患墨者之絕世也
徐弱曰若夫子之言弱請先死以除路還歿頭
前於孟勝因使二人傳鉅子於田襄子孟勝死
弟子死之者百八十三人以致令於田襄子欲

此言治之綱紀莫大於賞罰同民欲同民惡正所謂賞罰當而民無不可用也

反死孟勝於荆田襄子止之曰孟子以傳鉅子於我矣當聽遂反死之墨者以爲不聽鉅子不察嚴罰厚賞不足以致此今世之言治多以嚴罰厚賞此上世之若客也

用民

四曰凡用民太上以義其次以賞罰其義則不足死賞罰則不足去就若是而能用其民者古今無有民無常用也無常不用也唯得其道爲可闔廬之用兵也不過三萬吳起之用兵也不

二諭簡切有致

過五萬萬乘之國其爲三萬五萬尚多今外之則不可以拒敵内之則不可以守國其民非不可用也不得所以用之也不得所以用之國雖大勢雖便卒雖衆何益古者多有天下而亾者矣其民不爲用也用民之論不可不熟劒不徒斷車不自行或使之也夫種麥而得麥種稷而得稷人不怪也用民亦有種不審其種而祈民之用惑莫大焉當禹之時天下萬國至於湯而三千餘國今無存者矣皆不能用其民也民之

挈綱提紀因以生諭有態有情

不用賞罰不克也湯武因夏商之民也得所以用之也管商亦因齊秦之民也得所以用之也民之用也有故得其故民無所不用矣用民有紀有綱壹引其紀萬目皆起壹引其綱萬目皆張爲民紀綱者何也欲也惡也何欲何惡欲榮利惡辱害辱害所以爲罰克也榮利所以爲賞實也賞罰皆有充實則民無不用矣闔廬試其民於五湖劒皆加於肩地流血幾不可止句踐試其民於寢宮民爭入水火死者千餘矣遽擊

金而郄之賞罰有克也莫邪不爲勇者與懼者
變勇者以工懼者以拙能與不能也夙沙之民
自攻其君而歸神農密須之民自縛其主而與
文王湯武非徒能用其民也又能用非巳之民
能用非巳之民國雖小卒雖少功名猶可立古
昔多由布衣定一世者矣皆能用非其有也用
非其有之心不可察之本三代之道無二以信
爲管宋人有取道者其馬不進倒而投之鸂水
又復取道其馬不進又倒而投之鸂水如此者

三雖造父之所以威馬不過此矣不得造父之道而徒得其威無益於御人主之不肖者有似於此不得其道而徒多其威威愈多民愈不用亡國之主多以多威使其民矣故威不可無有而不足專恃譬之若鹽之於味凡鹽之用有所託也不適則敗託而不可食威亦然必有所託然後可行惡乎託託於愛利愛利之心諭威乃可行威大甚則愛利之心息愛利之心息而徒疾行威身必咎矣此殷夏之所以絕也君利勢

也次官也處次官執利勢不可而不察於此夫
不禁而禁者其唯深見此論耶

適威

五曰先王之使其民若御良馬輕任新節欲走
不得故致千里善用其民者亦然民日夜祈用
而不可得苟得爲上用民之走之也若決積水
於千仞之谿其誰能當之周書曰民善之則畜
也不善則讎也有讎而衆不若無有厲王天子
也有讎而衆故流于彘禍及子孫微召公虎而

絕無後嗣今世之人主多欲衆之而不知善此多其讐也不善則不有有必緣其心愛之謂也有其形不可謂有之舜布衣而有天下桀天子也而不得息由此生矣有無之論不可不熟湯武通於此論故功名立古之君民者仁義以治之愛利以安之忠信以導之務除其災思致其福故民之於上也若璽之於塗也抑之以方則方抑之以圜則圜若五種之於地也必應其類而蕃息於百倍此五帝三王之所以無敵也身

一以璽喻一以五種喻把後世化之如神收繳總歸重仁義以治之三句見五帝三王之治亦不外此

已終矣而後世化之如神其人事審也魏武侯之居中山也問於李克曰吳之所以亡者何也李克對曰驟戰而驟勝武侯曰驟戰而驟勝國家之福也其獨以亡何故對曰驟戰則民罷驟勝則主驕以驕主使罷民然而國不亡者天下少矣驕則恣恣則極物罷則怨怨則極慮上下俱極吳之亡猶晚此夫差之所以自殁於干隧也東野稷以御見莊公進退中繩左右旋中規莊公曰善以爲造父不過也使之鉤百而少及

深論峭語

焉顏闔入見莊公曰子遇東野稷乎對曰然臣
遇之其馬必敗莊公曰將何敗少頃東野之馬
敗而至莊公召顏闔而問之曰子何以知其敗
也顏闔對曰夫進退中繩左右旋中規造父之
御無以過焉鄉臣遇之猶求其馬臣是以知其
敗也故亂國之使其民不論人之性不反人之
情煩爲教而過不識數爲令而非不從巨爲危一作知
而罪不敢重爲任而罰不勝民進則欲其賞退
則畏其罪知其能力之不足也則以爲繼矣以

礼須數句皆為下句而發所為上下相離也

以無欲立柱先合說後分說而

爲繼知則上又從而罪之是以罪召罪上下之相讐也由是起矣故禮煩則不莊業煩則無功令苛則不聽禁多則不行桀紂之禁不可勝數故民因而身爲戮極也不能用威適子陽極也好嚴有過而折弓者恐必死遂應猘狗而弒子陽極也周鼎有竊曲狀甚長上下皆曲以見極之敗也

爲欲

六曰使民無欲上雖賢猶不能用夫無欲者其

以有欲東之繩十數語亦自成格

㯻古耕字

視爲天子也與爲輿隷同其視有天下也與無立錐之地同其視爲彭祖也與爲殤子同天子至貴也天下至富也彭祖至壽也誠無欲則是三者不足以勸輿隷至賤也無立錐之地至貧也殤子至夭也誠無欲則是三者不足以禁會有一欲則北至大夏南至北戶西至三危東至扶木不敢亂矣犯白刃冒流矢趣一作赴水火不敢却也晨寤興務耕疾庸㯻爲煩辱不敢休矣故人之欲多者其可得用亦多人之欲少者其得用

只從欲字逐枝逐節次第生下有情態有關鎖

亦少無欲者不可得用也人之欲雖多而上無以令之人雖得其欲人猶不可用也令人得欲之道不可不審矣善爲上者能令人得欲無窮故人之可得用亦無窮也蠻夷反舌殊俗異習之國其衣服冠帶宮室居處舟車器械聲色滋味皆異其爲欲使一也三王不能革不能革而功成者順其天也桀紂不能離不能離而國亡者逆其天也逆而不知其逆也湛於俗也久湛而不去則若性性異非性不可不熟不聞道者

連用十五爭字點綴

何以去非性哉無以去非性則欲未嘗正矣欲不正以治身則夭以治國則亡故古之聖王審順其天而以行欲則民無不令矣功無不立矣聖王執一四夷皆至者其此之謂也執一者至貴也至貴者無敵聖王託於無敵故民命敵焉羣狗相與居皆靜無爭投以炙雞則相與爭矣或折其骨或絕其筋爭術存也爭術存因爭不爭之術存因不爭取爭之術而相與爭萬國無一凡治國令其民爭行義也亂國令其民爭爲

以引言作自己文法推原欲字極徹

不義也疆國令其民爭樂用也弱國令其民爭競不用也夫爭行義樂用與爭爲不義競不用此其爲禍福也天不能覆地不能載晉文公伐原與士期七日七日而原不下命去之謀士言曰原將下矣師吏請待之公曰信國之寶也得原失寶吾不爲也遂去之明年復伐之與士期必得原然後反原人聞之乃下衛人聞之以文公之信爲至矣乃歸文公故曰次原得衛者此之謂也文公非不欲得原也以不信得原不若

秦用徙木立信則詐假之信不足以言治此篇識治之原反覆論信為政之要可為政事蹤略先天時後人事過接無痕歸束有法

勿得也必誠信以得之歸之者非獨衛也文公可謂知求欲矣

主意

貴信

七日凡人主必信信而又信誰人不親故周書曰允哉允哉以言非信則百事不滿也故信之爲功大矣信立則虛言可以賞矣虛言可以賞則六合之內皆爲巳府矣信之所及盡制之矣制之而不用人之有也制之而用之巳之有也巳有之則天地之物畢爲用矣人主有見此論

者其王不久矣人臣有知此論者可以爲王者佐矣天行不信不能成歲地行不信草木不大春之德風風不信其華不盛華不盛則果實不生夏之德暑暑不信其土不肥土不肥則長遂不精秋之德雨雨不信其穀不堅穀不堅則五種不成冬之德寒寒不信其地不剛地不剛則凍閉不開天地之大四時之化而猶不能以不信成物又況乎人事君臣不信則百姓誹謗社稷不寧處官不信則少不畏長貴賤相輕賞罰

不信則民易犯法不可使令交友不信則離散鬱怨不能相親百工不信則器械苦僞丹漆染色不貞夫可與爲始可與爲終可與尊通可與卑窮者其唯信乎信而又信重襲於身乃通於天以此治人則膏雨甘露降矣寒暑四時當矣

齊桓公伐魯魯人不敢輕戰去魯國五十里而封之魯請比關內侯以聽桓公許之曹劌謂魯莊公曰君寧死而又死乎其寧生而又生乎莊公曰何謂也曹劌曰聽臣之言國必廣大身必

安樂是生而又生也不聽臣之言國必滅亡身必危辱是死而又死也莊公曰請從於是明日將盟莊公與曹翽皆懷劒至於壇上莊公左搏桓公右抽劒以自承曰魯國去境數百里今去境五十里亦無生矣鈞其死也戮於君前管仲鮑叔進曹翽按劒當兩陛之間曰且二君將改圖毋或進者莊公曰封於汶則可不則請死管仲曰以地衛君非以君衛地君其許之乃遂封於汶南與之盟歸而欲勿予管仲曰不可人特

劫君而不盟君不知不可謂智臨難而不能勿聽不可謂勇許之而不予不可謂信不智不勇不信有此三者不可以立功名予之雖亡地亦得信以四百里之地見信於天下君猶得也莊公仇也曹翽賊也信於仇賊又況於非仇賊者乎夫九合之而合一匡之而聽從此生矣管仲可謂能因物矣以辱爲榮以窮爲通雖失乎前可謂後得之矣物固不可全也

舉難

此見人之才能有所及有所不及人君用人責備其全固為難也援引數段以見人之不易知而知人之難詞語轉折頓挫更負[illegible]古雅

八曰以全舉人固難物之情也人傷堯以不慈之名舜以卑父之號禹以貪位之意湯武以放弑之謀五霸以侵奪之事由此觀之物豈可全哉故君子責人則以人自責則以義責人以人則易足易足則得人自責以義則難爲非難爲非則行飾故任天地而有餘不肖者則不然責人則以義自責則以人責人以義則難贍難贍則失親自責以人則易爲易爲則行苟故天下之大而不容也身取危國取亡焉此桀紂幽厲

未諭已欲諭以道術不得不受其祿養

之行也尺之木必有節目寸之玉必有瑕適先王知物之不可不全也故擇務而貴取一也季孫氏劫公家孔子欲諭（一作論）術則見外於是受養而便說魯國以訾孔子曰龍食乎清而游乎清螭食乎清而游乎濁魚食乎濁而游乎濁今丘上不及龍下不若魚丘其螭邪夫欲立功者豈得中繩哉救溺者濡追逃者趨魏文侯弟曰季成友曰翟璜文侯欲相之而未能決以問季克季克對曰君欲置相則問樂騰與王孫苟端孰賢

耐人思

似淺似易似難
游有體有神

文侯曰善以王孫苟端而不肖翟璜進之以樂騰爲貴季成進之故相季成凡聽於主言人不可不愼季成弟也翟璜友也而猶不能知何由知樂騰與王孫苟端哉疏賤者知親習者不知理無自然自然而斷相過季克之對文侯也亦過雖皆過譬之若金之與木金雖柔猶堅於木

直諭

孟嘗君問於白圭曰魏文侯名過桓公而功不及五霸何也白圭對曰文侯師子夏友田子方敬叚干木此名之所以過桓公也卜相曰成與

吟語有致

璜誂可此功之所以不及五霸也相也者百官之長也擇者欲其慱也今擇而不去二人與用其讐亦遠矣且師友也者公可也戚愛也者私安也以私勝公衰國之政也然而名號顯榮者三士羽之也甯戚欲干齊桓公窮困無以自進於是爲商旅將任車以至齊暮宿於郭門之外桓公郊迎客夜開門辟任車爝火甚盛從者甚衆甯戚飯牛居車下望桓公而悲擊牛角疾歌桓公聞之撫其僕之手曰異哉之歌者非常人

問之患其有小
惡此遠華之言
人固難全權而
用其所長此一
篇之大意結中
方收一句含蓄
有味

也命後車載之桓公反至從者以請桓公賜之衣冠將見之甯戚見說桓公以治境內明日復見說桓公以爲天下桓公大說將任之羣臣爭之曰客衛人也衛之去齊不遠君不若使人問之而固賢者也用之未晚也桓公曰不然問之患其有小惡以人之小惡亡人之大美此人主之所以失天下之士也已凡聽必有以矣今聽而不復問合其所以也且人固難全權而用其長者當舉也桓公得之矣

呂氏春秋

第二十卷

恃君覽凡八篇

驕恣

覲表

立意如疊嶂更呼應井然

知已不足以制萬物而反受制于萬物故先有其備

呂氏春秋卷二十

恃君覽

恃君

一曰凡人之性爪牙不足以自守衞肌膚不足以扞寒暑筋骨不足以從利辟害勇敢不足以却猛禁悍然且猶裁萬物制禽獸服狡蟲寒暑燥溼弗能害不唯先有其備而以羣聚邪羣之可聚也相與利之也利之出於羣也君道立也故君道立則利出於羣而人備可完矣昔太古

先歷言無君之患以見君臣之義不可不明下詳言以發之

嘗無君矣其民聚生羣處知母不知父無親戚兄弟夫妻男女之別無上下長幼之道無進退揖讓之禮無衣服履帶宮室畜積之便無器械舟車城郭險阻之備此無君之患故君臣之義不可不明也自上世以來天下亡國多矣而君道不廢者天下之利也故廢其非君而立其行君道者君道何如利而物利章非濱之東夷穢之鄉大解陵魚其鹿野搖山揚島大人之居多無君揚漢之南百越之際敝凱諸夫風餘靡之

此又說忠臣廉士諫君死義俾國家不致于乱見得置天子官長所以辨上下定民志而後強不凌弱衆不暴寡非如夷狄之無君也

地縛婁陽禺驩兜之國多無君氐羌呼唐離水之西僰人野人篇笮之川舟人送龍突人之鄉多無君鴈門之北鷹隼所鷙須窺之國饕餮窮奇之地叔逆之所儋耳之居多無君此四方之無君者也其民麋鹿禽獸少者使長長者畏壯有力者賢暴傲者尊日夜相殘無時休息以盡其類聖人深見此患也故為天下長慮莫如置天子也為一國長慮莫如置君也置君非以阿君也置天子非以阿天子也置官長非以阿官

長也德衰世亂然後天子利天下國君利國官長利官此國所以遞興遞廢也亂難之所以時作也故忠臣廉士內之則諫其君之過也外之則死人臣之義也豫讓欲殺趙襄子滅鬚去眉自刑以變其容爲乞人而往乞於其妻之所其妻曰狀貌無似吾夫者其音何類吾夫之甚也又吞炭以變其音其友謂之曰子之所道甚難而無功謂子有志則然矣謂子智則不然以子之才而索事襄子襄子必近子子得近而行所

叙事代議論
語冣蒼古

欲此甚易而功必成豫讓笑而應之曰是先知報後知也爲故君賊新君矣大亂君臣之義者無此失吾所爲爲之矣凡吾所爲爲此者所以明君臣之義也非從易也柱厲叔事莒敖公自以爲不知而去居於海上夏日則食菱芡冬日則食橡栗莒敖公有難柱厲叔辭其友而往死之其友曰子自以爲不知故去今又往死之是知與不知無異別也柱厲叔曰不然自以爲不知故去今死而弗往死是果知我也吾將死之

結語有千鈞之力

先列其目而後著其解跌宕之勢憤激之詞令人警省

以醜後世人主之不知其臣者也所以激君人者之行而厲人主之節也行激節厲忠臣幸於得察忠臣察則君道固矣

長利

二曰天下之士也者慮天下之長利而固處之以身若也利雖倍於今而不便於後弗爲也安雖長久而以私其子孫弗行也自此觀之陳無宇之可醜亦重矣其與伯成子高周公旦戎夷也形雖同取舍之殊豈不遠哉堯治天下伯成

議論愈工俱于
簡字句中著意

子高立爲諸侯堯授舜舜授禹伯成子高辭諸
侯而耕禹往見之則耕在野禹趨就下風而問
曰堯理天下吾子立爲諸侯今至於我而辭之
故何也伯成子高曰當堯之時未賞而民勸未
罰而民畏民不知怨不知說愉愉其如赤子今
賞罰甚數而民爭利且不服德自此衰利自此
作後世之亂自此始夫子盍行乎無慮吾農事
恊而耰遂不顧夫爲諸侯名顯榮實佚樂繼嗣
皆得其澤伯成子高不待問而知之然而辭爲

論亦正大

諸侯者以禁後世之亂也辛寛見魯繆公曰臣
而今而後知吾先君周公之不若太公望封之（長句）
知也昔者太公望封於營丘之渚海阻山高險
固之地也是故地日廣子孫彌隆吾先君周公
封於魯無山林谿谷之險諸侯四面以達是故
地日削子孫彌殺辛寛出南宫括入見公曰今
者寛也非周公其辭若是也南宫括對曰寛少
者弗識也君獨不聞成王之定成周之說乎其
辭曰惟余一人營居于成周惟余一人有善易

章法句法字法俱古

楚有賣其母者而謂其買者曰此母老矣幸善

得而見也有不善易得而誅也故曰善者得之不善者失之古之道也夫賢者豈欲其子孫之阻山林之險以長爲無道哉小人哉寛也今使燕爵爲鴻鵠鳳凰慮則必不得矣其所求者瓦之間隙屋之翳蔚也與一舉則有千里之志德不盛義不大則不至其郊愚痱之民其爲賢者慮亦猶此也固妄誹訾豈不悲哉戎夷違齊如魯天大寒而後門與弟子一人宿於郭外寒愈甚謂其弟子曰子與我衣我活也我與子衣子

食之即戎夷意也

但知自利而不知利人者卒受自利之害

活也我國士也爲天下惜死子不肖人也不足愛也子與我子之衣弟子曰夫不肖人也又惡能與國士之衣哉戎夷太息嘆曰嗟乎道其不濟夫解衣與弟子夜半而死弟子遂活謂戎夷其能必定一世則未之識若夫欲利人之心不可以加矣達乎分仁愛之心識也故能以必死見其義

知分

三曰達士者達乎死生之分達乎死生之分則

言兩蛟必死也

利害存亡弗能惑矣故晏子與崔杼盟而不變其義延陵季子吳人願以爲王而不肯孫叔敖三爲令尹而不喜三去令尹而不憂皆有所達也有所達則物弗能惑荆有次非者得寶劒于干遂還反涉江至於中流有兩蛟夾繞其船次非謂舟人曰子嘗見兩蛟繞船能兩活者乎船人曰未之見也次非攘臂袪衣拔寶劒曰此江中之腐肉朽骨也棄劒以全己余奚愛焉於是赴江刺蛟殺之而復上船舟中之人皆得活荆

王聞之仕之執圭孔子聞之曰夫善哉不以腐肉朽骨而棄劒者其次非之謂乎禹南省方濟乎江黄龍負舟舟中之人五色無主禹仰視天而嘆曰吾受命於天竭力以養人生性也死命也余何憂於龍焉龍俛耳低尾而逝則禹達乎死生之分利害之經也凡人物者陰陽之化也陰陽者造乎天而成者也天固有衰嗛廢伏有盛盈坌息人亦有困窮屈匱有充實達遂此皆天之容物理也而不得不然之數也古聖人不

晏子處崔氏之变始不避兵鉤而立公孫既據大義而服崔杼是能守義命而不移于生死者

以感私傷神俞然而以待耳晏子與崔杼盟其辭曰不與崔氏而與公孫氏者受其不祥晏子俛而飲血仰而呼天曰不與公孫氏而與崔氏者受此不祥崔杼不說直兵造胸句兵鉤頸謂晏子曰子變子言則齊國吾與子共之子不變子言則今是已晏子曰崔子子獨不爲夫詩乎詩曰莫莫葛藟延于條枚凱弟君子求福不回嬰且可以回而求福乎子惟之矣崔杼曰此賢者不可殺也罷兵而去晏子受綏而乘其僕將

又生出一段議論

引夏后啟之言見以義則義重而生死輕以利則生死重而義輕

馳晏子無艮其僕之手曰安之毋失節疾不必生徐不必死鹿生於山而命懸於廚今嬰之命有所懸矣晏子可謂知命矣命也者不知所以然而然者也人事智巧以舉錯者不得與焉故命也者就之未得去之未失國士知其若此也故以義爲之决而安處之白圭問於鄒公子夏后啟曰踐繩之節四上之志三晉之事此天下之豪英以處於晉而迭聞晉事未嘗聞踐繩之節四上之志願得而聞之夏后啟曰鄙人也焉

結復歸重人君
用人上有關鎖

足以問白圭曰願公子之母讓也夏后啟曰以爲可爲故爲之爲之天下弗能禁矣以爲不可爲故釋之釋之天下弗能使矣白圭曰利弗能使乎威弗能禁乎夏后啟曰生不足以使之則利曷足以使之矣死不足以禁之則害曷足以禁之矣白圭無以應夏后啟辭而出凡使賢不肖異使不肖以賞罰使賢以義故賢主之使其下也必義審賞罰然後賢不肖盡爲用矣

召類

敘事核而有序不詭不浮真先秦文字之祖

四曰類同相召氣同則合聲比則應故鼓宮而
宮應鼓角而角動以龍致雨以形逐影禍福之
所自來衆人以爲命焉不知其所由故國亂非
獨亂有必召寇獨亂未必亡也召寇則無以存
矣凡兵之用也用於利用於義攻亂則服服則
攻者利攻亂則義義則攻者榮榮且利中主猶
且爲之有況於賢主乎故割地寶器戈劒卑辭
屈服不足以止攻唯治爲足治則爲利者不攻
矣爲名者不伐矣凡人之攻伐也非爲利則固

爲名也名實不得國雖疆大則無爲攻矣兵所自來者久矣堯戰於丹水之浦以服南蠻舜却苗民更易其俗禹攻曹魏屈驁有扈以行其教三王以上固皆用兵也亂則用治則止治而攻之不祥莫大焉亂而弗討害民莫長焉此治亂之化也文武之所由起也文者愛之徵也武者惡之表也愛惡循義文武有常聖人之元也譬之若寒暑之序時至而事生之聖人不能爲時而能以事適時事適於時者其功大士尹池爲

句法奇妙

荆使於宋司城子罕觴之南家之牆犨於前而不直西家之潦徑其宫而不止士尹池問其故司城子罕曰南家工人也爲鞔者也吾將徙之其父曰吾恃爲鞔以食三世矣今徙之是宋國之求鞔者不知吾處也吾將不食願相國之憂吾不食也爲是故吾弗徙也西家高吾宫庳潦之經吾宫也利故弗禁也士尹池歸荆荆王適興兵而攻宋士尹池諫於荆王曰宋不可攻也其主賢其相仁賢者能得民仁者能用人荆國

茅可覆屋蒿非柱任也雖云節儉實所未聞

攻之其無功而爲天下笑乎故釋宋而攻鄭孔子聞之曰夫修之於廟堂之上而折衝乎千里之外者其司城子罕之謂乎宋在三大萬乘之間子罕之時無所相侵邊境四益相平公元公景公以終其身其唯仁且節與故仁節之爲功大矣故明堂茅茨蒿柱土階三等以見節儉趙簡子將襲衛使史默往睹之期以一月六月而後返趙簡子曰何其久也史默曰謀利而得害猶弗察也今蘧伯玉爲相史鰌佐焉孔子爲客

子貢使令於君前甚聽易曰渙其羣元吉渙者賢也羣者衆也元者吉之始也渙其羣元吉者其佐多賢也趙簡子按兵而不動凡謀者疑也疑則從義斷事從義斷事則謀不虧謀不虧則名實從之賢主之舉也豈必旗僨將斃而乃知勝敗哉察其理而得失榮辱定矣故三代之所貴無若賢也

既有美名又有其實故曰名實從之

達鬱

五曰凡人三百六十節九竅五藏六府肌膚欲

自體之鬱類推物之鬱以波及于國之鬱而後乃歸結于決鬱塞本處

日虐日謗便是書法

其比也，血脉欲其通也，筋骨欲其固也，心志欲其和也，精氣欲其行也。若此則病無所居而惡無由生矣。病之留、惡之生也，精氣鬱也。故水鬱則爲汚，樹鬱則爲蠹，草鬱則爲蕢。國亦有鬱，生德不通，民欲不達，此國之鬱也。國鬱處久則百惡竝起而萬災叢至矣。上下之相忍也，由此出矣。故聖王之貴豪士與忠臣也，爲其敢直言而決鬱塞也。周厲王虐民，國人皆謗。召公以告曰：「民不堪命矣。」王使衛巫監謗者，得則殺之。國莫

障之二字見謗不可監亦不能監也

敢言道路以目王喜以告召公曰吾能弭謗矣召公曰是障之也非弭之也防民之口甚於防川川壅而潰敗人必多夫民猶是也是故治川者决之使導治民者宣之使言是故天子聽政使公卿列士正諫好學博聞獻詩矇箴師誦庶人傳語近臣盡規親戚補察而後王斟酌焉是以下無遺善上無過舉今王塞下之口而遂上之過恐爲社稷憂王弗聽也三年國人流王于彘此鬱之敗也鬱者不陽也周鼎著鼠令馬履

此見古之人無事不陳言無言不採用無所壅塞也

之爲其不陽也不陽者亡國之俗也管仲觴桓公日暮矣桓公樂之而徵燭管仲曰臣卜其晝未卜其夜君可以出矣公不説曰仲父年老矣寡人與仲父爲樂將幾之請夜之管仲曰君過矣夫厚於味者薄於德沈於樂者反於憂壯而怠則失時老而解則無名臣乃今將爲君勉之若何其沈於酒也管仲可謂能立行矣凡行之墮也於樂今樂而益飭行之壞也於貴今主欲留而不許伸志行理貴樂弗爲變以事其主此

窺破世情推見至隱而詞更高古　警拔

桓公之所以霸也列精子高聽行乎齊湣王善
衣東布衣白縞冠頹推之履特會朝雨袪步堂
下謂其侍者曰我何若侍者曰公姣且麗列精
子高因步而窺於井粲然惡丈夫之狀也喟然
嘆曰侍者爲吾聽行於齊王也夫何阿哉又況
於所聽行乎萬乘之主人之阿之亦甚矣而無
所鏡其殘亡無日矣孰當可而鏡其唯士乎人
皆知説鏡之明已也而惡士之明已也鏡之明
已也功細士之明已也功大得其細失其大不

諷諫 直諫

知類耳趙簡子曰厥也愛我鐸也不愛我厥之諫我也必於無人之所鐸之諫我也喜質我於人中必使我醜尹鐸對曰厥也愛君之醜也而不愛君之過也鐸也愛君之過也而不愛君之醜也臣嘗聞相人於師敦顔而土色者忍醜不質君於人中恐君之不變也此簡子之賢也人主賢則人臣之言刻簡子不賢鐸也卒不居趙地有况乎在簡子之側哉

行論

首提人主之行係于民命下歷敘行之能慎與不慎之事一段緊一段有步驟有頓挫

六曰人主之行與布衣異勢不便時不利事讐以求存執民之命執民之命重任也不得以快志爲故故布衣行此指於國不容鄉曲堯以天下讓舜鯀爲諸侯怒於堯曰得天之道者爲帝得地之道者爲三公今我得地之道而不以我爲三公以堯爲失論欲得三公怒甚猛獸欲以爲亂比獸之角能以爲城舉其尾能以爲旌召之不來仿佯於野以患帝舜於是殛之於羽山副之以吳刀禹不敢怨而反事之官爲司空以

此見周文見幾之哲得民之心

通水潦顔色黎黑步不相過竅氣不通以中帝心昔者紂爲無道殺梅伯而醢之殺鬼侯而脯之以禮諸侯於廟文王流涕而咨之紂恐其叛欲殺文王而滅周文王曰父雖無道子敢不事父乎君雖不惠臣敢不事君乎孰王而可畔也紂乃赦之天下聞之以文王爲畏上而哀下也詩曰惟此文王小心翼翼昭事上帝聿懷多福齊攻宋燕王使張魁將燕兵以從焉齊王殺之燕王聞之泣數行而下召有司而告之曰余興

凡繇使燕畢已以驕齊與即老子將取先與之術

事而齊殺我使請令舉兵以攻齊也使受命矣凡繇進見爭之曰賢主故願爲臣今王非賢主也願辭不爲臣昭王曰是何也對曰松下亂先君以不安棄羣臣也王苦痛之而事齊者力不足也今魁死而王攻齊是視魁而賢於先君王曰諾請王止兵王曰然則若何凡繇對曰請王縞素辟舍於郊遣使於齊客而謝焉曰此盡寡人之罪也大王賢主也豈盡殺諸侯之使者哉然而燕之使者獨死此弊邑之擇人不謹也願

收前意甚有關鎖其此之謂句與唯有道句抑揚褒貶得春秋之旨

得變更請罪使者行至齊齊王方大飲左右官實御者甚衆因令使者進報使者報言燕王之甚恐懼而請罪也畢又復之以矜左右官實因乃發小使以反令燕王復舍此濟上之所以敗齊國以虛也七十城微田單固幾不及湣王以大齊驕而殘田單以卽墨城而立功詩曰將欲毁之必重累之將欲踣之必高舉之其此之謂乎累矣而不毁舉矣而不踣其唯有道者乎楚莊王使文無畏於齊過於宋不先假道還反華

元言於宋昭公曰往不假道來不假道是以宋
爲野鄙也楚之會田也故鞭君之僕於孟諸請
誅之乃殺文無畏於揚梁之隄莊王方削袂聞
之曰嘻投袂而起履及諸庭劒及諸門車及之
蒲疏之市遂舍於郊興師圍宋九月宋人易子
而食之析骨而爨之宋公肉袒執犧委服告病
曰大國若宥圖之唯命是聽莊王曰情矣宋公
之言也乃爲却四十里而舍於盧門之闔所以
爲成而歸也凡事之本在人主之患人主之患

强而不義其弊必速唯義以濟故曰強不足以成此

疊用三柱或順敘或倒敘聯絡不斷

在先事而簡人簡人則事窮矣今人臣死而不當親帥士民以討其故可謂不簡人矣宋公服以病告而還師可謂不窮矣夫舍諸侯於漢陽而飲至者其以義進退邪彊不足以成此也

驕恣

七曰亡國之主必自驕必自智必輕物自驕則簡士自智則專獨輕物則無備無備召禍專獨位危簡士壅塞欲無壅塞必禮士欲位無危必得衆欲無召禍必完備三者人君之大經也晉

自智輕人皆是驕心所使人主以理督責其臣而臣能以善諫致其君如春居趙簡子流皆可為世法也故詳叙之

厲公侈淫好聽讒人欲盡去其大臣而立其左右胥童謂厲公曰必先殺三郤族大多怨去大族不偪公曰諾乃使長魚矯殺郤犨郤錡郤至于朝而陳其尸於是厲公遊於匠麗氏欒書中行偃劫而幽之諸侯莫之救百姓莫之哀三月而殺之人主之患患在知能害人而不知害人之不當而反自及也是何也智短也智短則不知化不知化者舉自危魏武侯謀事而當攘臂疾言於庭曰大夫之慮莫如寡人矣立有間再

三言李悝趨進曰昔者楚莊王謀事而當有大
功退朝而有憂色左右曰王有大功退朝而有
憂色敢問其說王曰仲虺有言不穀說之曰諸
侯之德能自爲取師者王能自取友者存其所
擇而莫如已者亡今以不穀之不肖也羣臣之
謀又莫吾及也我其亡乎曰此霸王之所憂也
而君獨伐之其可乎武侯曰善人主之患也不
在於自少而在於自多自多則辭受辭受則原
竭李悝可謂能諫其君矣壹稱而令武侯益知

君人之道齊宣王爲太室大益百畝堂上三百
戶以齊之大具之三年而未能成羣臣莫敢諫
王春居問於宣王曰荆王釋先王之禮樂而樂
爲輕敢問荆國爲有主乎王曰爲無主賢臣以
千數而莫敢諫敢問荆國爲有臣乎王曰爲無
臣今王爲太室其大益百畝堂上三百戶以齊
國之大具之三年而弗能成羣臣莫敢諫敢問
王爲有臣乎王曰爲無春居曰臣請辟矣趨而
出王曰春子春子反何諫寡人之晚也寡人請

今止之遽召掌書曰書之寡人不肖而好爲太室春子止寡人箴諫不可不熟莫敢諫若非弗欲也春居之所以欲之與人同其所以入之與人異宣王微春居幾爲天下笑矣由是論之失國之主多如宣王然患在乎無春居故忠臣之諫者亦從入之不可不慎此得失之本也趙簡子沈鸞徼於河曰吾嘗好聲色矣而鸞徼致之吾嘗好宫室臺榭矣而鸞徼爲之吾嘗好良馬善御矣而鸞徼來之今吾好士六年矣而鸞徼

未嘗進一人也是長吾過而絀善也故若簡子者能後以理督責於其臣矣以理督責於其臣則人主可與爲善而不可與爲非可與爲直而不可與爲枉此三代之盛教

觀表

八曰凡論人心觀事傳不可不熟不可不深天爲高矣而日月星辰雲氣雨露未嘗休矣地爲大矣而水泉草木毛羽裸鱗未嘗息也凡居於天地之閒六合之內者其務爲相安利也夫爲

審徵表未免于億度何以謂之先知

相害危者不可勝數人事皆然事隨心心隨欲欲無度者其心無度心無度者則其所爲不可知矣人之心隱匿難見淵深難測故聖人於事志焉聖人之所以過人以先知先知必審徵表無徵表而欲先知堯舜與衆人同等徵雖易表雖難聖人則不可以飄矣衆人則無道至焉無道至則以爲神以爲幸非神非幸其數不得不然郈成子吳起近之矣郈成子爲魯聘於晉過衛右宰穀臣止而觴之陳樂而不樂酒酣而送

侯何也重過為渫郈成子因過衛而知衛之亂正所謂審徵表者

句甚沉鬱清微

之以璧顧反過而弗辭其僕曰鄉者右宰穀臣之觴吾子也甚懽今侯渫過而弗辭郈成子曰夫止而觴我與我懽也陳樂而不樂告我憂也酒酣而送之我以璧寄之我也若由是觀之衛其有亂乎倍衛三十里聞甯喜之難作右宰穀臣死之還車而臨三舉而歸至使人迎其妻子隔宅而異之分祿而食之其子長而反其璧孔子聞之曰夫智可以微謀仁可以託財者其郈成子之謂乎郈成子之觀右宰穀臣也深矣妙

吳起被讒而知魏之削可謂先見矣曷不先見而發爲之使讒言不入至爲愈乎

矣不觀其事而觀其志可謂能觀人矣吳起治西河之外王錯譖之於魏武侯武侯使人召之吳起至於岸門止車而休望西河泣數行而下其僕謂之曰竊觀公之志視舍天下若舍屣今去西河而泣何也吳起雪泣而應之曰子弗識也君誠知我而使我畢能秦必可亡而西河可以王今君聽讒人之議而不知我西河之爲秦也不久矣魏國從此削矣吳起果去魏入荊而西河畢入秦魏日以削秦日益大此吳起之所

相馬相人徵事徵國不在術而在道

以先見而泣也古之善相馬者寒風是相口齒麻朝相頰子女厲相目衛忌相髭許鄙相尻投伐褐相胸脅管青相膹肳陳悲相股腳秦牙相前贊君相後凡此十人者皆天下之良工也其所以相者不同見馬之一徵也而知節之高卑足之滑易材之堅脆能之長短非獨相馬然也人亦有徵事與國皆有徵聖人上知千歲下知千歲非意之也蓋有自云也緑圖幡薄從此生矣

讖書

呂氏春秋

第二十一卷

開春論凡六篇

冐頭甚玄

遠泛物之相應説來見説者與所説之心相應也

呂氏春秋卷二十一

開春論

開春

一曰開春始雷則蟄蟲動矣時雨降則草木育矣飲食居處適則九竅百節千脉皆通利矣王者厚其德積衆善而鳳凰聖人皆來至矣共伯和修其行好賢仁而海内皆以來爲稽矣周厲之難天子曠絕而天下皆來謂矣以此言物之相應也故曰行也成也善説者亦然言盡理而

春秋書雨不克葬者三豈阻于天時哉莫非愛民之至意也

得失利害定矣豈爲一人言哉魏惠王死葬有日矣天大雨雪至於牛目羣臣多諫於太子者曰雪甚如此而行葬民必甚疾之官費又恐不給請弛期更日太子曰爲人子者以民勞與官費用之故而不行先王之葬不義也子勿復言羣臣皆莫敢諫而以告犀首犀首曰吾未有以言之是其唯惠公乎請告惠公惠公曰諾駕而見太子曰葬有日矣太子曰然惠公曰昔王季歷葬於渦山之尾欒水齧其墓見棺之前和文

惠施居魏有此一事可取亦善辯中来

王曰諾先君必欲一見羣臣百姓也天故使欒水見之於是出而爲之張朝百姓皆見之三日而後更葬此文王之義也今葬有日矣而雪甚及牛目難以行太子爲及日之故得無嫌於欲亟葬乎願太子易日先王必欲少留而撫社稷安黔首也故使雨雪甚因弛期而更爲日此文王之義也若此而不爲意者羞法文王也太子曰甚善敬弛期更擇葬日惠子不徒行說也又令魏太子未葬其先君而因有說文王之義說

春居惠施封人
子高三人皆能
以意移人

文王之義以示天下豈小功也哉韓氏城新城
期十五日而成段喬爲司空有一縣後二日段
喬執其吏而囚之囚者之子走告封人子高曰
唯先生能活臣父之死願委之先生封人子高
曰諾乃見段喬自扶而上城封人子高左右望
曰美哉城乎一大功矣子必有厚賞矣自古及
今功若此其大也而能無有罪戮者未嘗有也
封人子高出段喬使人夜解其吏之束縛也而
出之故曰封人子高爲之言也而匿己之爲而

以諷諫之中而寓法語之言可謂善說

爲也段喬聽而行之也靨已之行而行也說之行若此其精也封人子高可謂善說矣叔嚮之弟羊舌虎善欒盈欒盈有罪于晉晉誅羊舌虎叔嚮爲之奴而朡祈奚曰吾聞小人得位不爭不祥君子在憂不救不祥乃往見范宣子而說也曰聞善爲國者賞不過而刑不慢賞過則懼及滛人刑慢則懼及君子與其不幸而過寧過而賞滛人毋過而刑君子故堯之刑也殛鯀於虞而用禹周之刑也戮管蔡而相周公不慢刑

良醫之治疾猶賢者之能治國設喻最有味

也宣子乃命吏出叔嚮救人之患者行危苦不避煩辱猶不能免今祈奚論先王之德而叔嚮得免焉學豈可以已哉類多若此

察賢

二曰今有良醫於此治十人而起九人所以求之萬也故賢者之致功名也必乎良醫而君人者不知疾求豈不過哉今夫塞者勇力時日卜筮禱祠無事焉善者必勝立功名亦然要在得賢魏文侯師卜子夏友田子方禮段干木國治

直諭

非說巫馬期之治單父不如子賤也但謂任力不如任人之逸結尾一句雖治猶未至抑揚而婉

身逸天下之賢主豈必苦形愁慮哉執其要而已矣雪霜雨露時則萬物育矣人民修矣疾病妖厲去矣故曰堯之容若委衣裘以言少事也宓子賤治單父彈鳴琴身不下堂而單父治巫馬期以星出以星入日夜不居以身親之而單父亦治巫馬期問其故於宓子宓子曰我之謂任人子之謂任力任力者故勞任人者故逸宓子則君子矣逸四肢全耳目平心氣而百官以治義矣任其數而已矣巫馬期則不然弊生事

簡喻深至

答問輕省不煩情意自見

精勞手足煩教詔雖治猶未至也

期賢

三曰今夫爚蟬者務在乎明其火振其樹而已火不明雖振其樹何益明火不獨在乎火在於闇當今之時世闇甚矣人主有能明其德者天下之士其歸之也若蟬之走明火也凡國不徒安名不徒顯必得賢士趙簡子晝居喟然太息曰異哉吾欲伐衛十年矣而衛不伐侍者曰以趙之大而伐衛之細君若不欲則可也君若欲

深語自妙

結尾數句力沉味雋

之請令伐之簡子曰不如而言也衛有士十人於吾所吾乃且伐之十人者其言不義也而我伐之是我爲不義也故簡子之時衛以十人者按趙之兵殁簡子之身衛可謂知用人矣遊十士而國家得安簡子可謂好從諫矣聽十士而無侵小奪弱之名魏文侯過段干木之閭而軾之其僕曰君胡爲軾曰此非段干木之閭歟段干木蓋賢者也吾安敢不軾且吾聞段干木未嘗肯以己易寡人也吾安敢驕之段干木光乎

此九三見而此段更深粹微妙

德寡人光乎地段干木富乎義寡人富乎財其僕曰然則君何不相之於是君請相之段干木不肯受則君乃致祿百萬而時往館之於是國人皆喜相與誦之曰吾君好正段干木之敬吾君好忠段干木之隆居無幾何秦興兵欲攻魏司馬唐諫秦君曰段干木賢者也而魏禮之天下莫不聞無乃不可加兵乎秦君以爲然乃按兵輟不敢攻之魏文侯可謂善用兵矣嘗聞君子之用兵莫見其形其功已成其此之謂也野

此言身所重天下所輕也故當重其身而不以土地之故危生養其身而不以情欲之私輕生此呂氏立論之

人之用兵也鼓聲則似雷號呼則動地塵氣充天流矢如雨扶傷輿死履腸涉血無罪之民其死者量於澤矣而國之存亡主之死生猶不可知也其離仁義亦遠矣

審爲

四曰身者所爲也天下者所以爲也審所以爲而輕重得矣今有人於此斷首以易冠殺身以易衣世必惑之是何也冠所以飾首也衣所以飾身也殺所飾要所以飾則不知所爲矣世之

輕 重 輕 重

意也

走利有似於此危身傷生刈頸斷頭以徇利則亦不知所爲也太王亶父居邠狄人攻之事以皮帛而不受事以珠玉而不肯狄人之所求者地也太王亶父曰與人之兄居而殺其弟與人之父處而殺其子吾不忍爲也皆勉處矣爲吾臣與狄人臣奚以異且吾聞之不以所以養害所養杖策而去民相連而從之遂成國於岐山之下太王亶父可謂能尊生矣能尊生雖貴富不以養傷身雖貧賤不以利累形今受其先人

重　輕

之爵祿則必重失之生之所自來者久矣而輕失之豈不惑哉韓魏相與爭侵地子華子見昭釐侯昭釐侯有憂色子華子曰今使天下書銘於君之前書之曰左手攫之則右手廢右手攫之則左手廢然而攫之必有天下君將攫之乎亡其不與昭釐侯曰寡人不攫也子華子曰甚善自是觀之兩臂重於天下也身又重於兩臂韓之輕於天下遠今之所爭者其輕於韓又遠君固愁身傷生以憂之臧不得也昭釐侯曰善

塵緣不斷

沉膻

教寡人者衆矣未嘗得聞此言也子華子可謂知輕重矣知輕重故論不過中山公子牟謂詹子曰身在江海之上心居乎魏闕之下柰何詹子曰重生重生則輕利中山公子牟曰雖知之猶不能自勝也詹子曰不能自勝則縱之神無惡乎不能自勝而強不縱者此之謂重傷重傷之人無壽類矣

教之務也

愛類

五曰仁於他物不仁於人不得爲仁不仁於他

物獨仁於人猶若爲仁仁也者仁乎其類者也
故仁人之於民也可以便之無不行也神農之
教曰士有當年而不耕者則天下或受其饑矣
女有當年而不績者則天下或受其寒矣故身
親耕妻親績所以見致民利也賢人之不遠海
内之路而時往來乎王公之朝非以要利也以
民爲務故也人主有能以民爲務者則天下歸
之矣王也者非必堅甲利兵選卒練士也非必
隳人之城郭殺人之士民也上世之王者衆矣

而事皆不同其當世之急憂民之利除民之害
同公輸般爲高雲梯欲以攻宋墨子聞之自魯
往裂裳裹足日夜不休十日十夜而至於郢見
荆王曰臣北方之鄙人也聞大王將攻宋信有
之乎王曰然墨子曰必得宋乃攻之乎亡其不
得宋且不義猶攻之乎王曰必不得宋且有不
義則曷爲攻之墨子曰甚善臣以宋必不可得
王曰公輸般天下之巧工也巳爲攻宋之械矣
墨子曰請令公輸般試攻之臣請試守之於是

一段一收束針線甚密

公輸般設攻宋之械墨子設守宋之備九攻之墨子九却之不能入故荆輟不攻宋墨子能以術禦荆免宋之難者此之謂也聖王通士不出於利民者無有昔上古龍門未開呂梁未發河出孟門大溢逆流無有丘陵沃衍平原高阜盡皆滅之名曰鴻水禹於是疏河决江爲彭蠡之障乾東土所活者千八百國此禹之功也勤勞爲民無苦乎禹者矣匡章謂惠子曰公之學去尊今又王齊王何其到也惠子曰今有人於此

文自奇特且有感慨

以寒欲温暑欲凉喻人情之所欲最明

欲必擊其愛子之頭石可以代之臣章曰公取之代乎其不與施取代之子頭所重也石所輕也擊其所輕以免其所重豈不可哉臣章曰齊王之所以用兵而不休攻擊人而不止者其故何也惠子曰大者可以王其次可以霸也今可以王齊王而壽黔首之命免民之死是以石代愛子頭也何爲不爲民寒則欲火暑則欲冰燥則欲濕濕則欲燥寒暑燥濕相反其於利民一也利民豈一道哉當其時而已矣

此見用智貴神不然則殺首設喻提起正意下援引詳徵

貴卒

六曰力貴突智貴卒得之同則遬爲上勝之同則遲爲下所爲貴驥者爲其一日千里也旬日取之與駑駘同所爲貴鏃矢者爲其應聲而至終日而至則與無（一作矢）至同吳起謂荆王曰荆所有餘者地也所不足者民也今君王以所不足益所有餘臣不得而爲也於是令貴人往實廣虛之地皆甚苦之荆王死貴人皆來尸在堂上貴人相與射吳起吳起號呼曰吾示子吾用兵也

叔之用智速而
仲之用智緩

扳矢而走伏尸插矢而疾言曰羣臣亂王吳起
死矣且荆國之法麗兵於王尸者盡加重罪逮
三族吳起之智可謂捷矣齊襄公即位憎公孫
無知收其祿無知不說殺襄公公子糾走魯公
子小白奔莒旣而國殺無知未有君公子糾與
公子小白皆歸俱至爭先入公家管仲扞弓射
公子小白中鉤鮑叔御公子小白僵管子以爲
小白死告公子糾曰安之公子小白已死矣鮑
叔因疾驅先入故公子小白得以爲君鮑叔之

伶悝之智甚捷以還報所刺之人

智應射而令公子小白僵也其智若鏃矢也周武君使人刺伶悝於東周伶悝僵令其子速哭曰以誰刺我父也刺者聞以爲死也周以爲不信因厚罪之趙氏攻中山中山之人多力者曰吾丘鴆衣鐵甲操鐵杖以戰而所擊無不碎所衝無不陷以車投車以人投人也幾至將所而後死

呂氏春秋

第二十二卷

慎行覽凡六篇

慎行論

慎行

一曰行不可不孰不孰如赴深谿雖悔無及君子計行慮義小人計行其利乃不利有知不利之利者則可與言理矣荆平王有臣曰費無極害太子建欲去之王爲建取妻於秦而美無極勸王奪王已奪之而疏太子無極說王曰晉之霸也近於諸夏而荆僻也故不能與爭不若大

孰猶思也如入深谿不可使滿而平也

既駕言以害太子建又欲使令尹殺郄宛無極之奸惡熾矣

城城父而置太子焉以求北方王收南方是得天下也王說使太子居于城父居一年乃惡之曰建與連尹將以方城外反王曰巳爲我子矣又尚奚求對曰以妻事怨且自以爲猶宋也齊晉又輔之將以害荊其事巳集矣王信之使執連尹太子建出犇左尹郄宛國人說之無極又欲殺之謂令尹子常曰郄宛欲飲令尹酒又謂郄宛曰令尹欲飲酒於子之家郄宛曰我賤人也不足以辱令尹令尹必來辱我且何以給待

之無極曰令尹好甲兵子出而寘之門令尹至必觀之已因以爲酬及饗日惟門左右而寘甲兵焉無極因謂令尹曰吾幾禍令尹郄宛將殺令尹甲在門矣令尹使人視之信遂攻郄宛殺之國人大怨動作者莫不非令尹沈尹戌謂令尹曰夫無極荆之讒人也亡夫太子建殺連尹奢屏王之耳目今令尹又用之殺衆不辜以興大謗患幾及令尹令尹子常曰是吾罪也敢不良圖乃殺費無極盡滅其族以說其國動而不

崔杼以不義而
弑君天假慶封
之手以滅其族
崔杼何利哉慶
封以不義而謀
君天假天王之
兵以誅其身慶
封何利哉

論其義知害人而不知人害已也以滅其族費
無極之謂乎崔杼與慶封謀殺齊莊公莊公死
更立景公崔杼相之慶封又欲殺崔杼而代之
相於是椓崔杼之子令之爭後崔杼之子相與
私閻崔杼往見慶封而告之慶封謂崔杼曰且
留吾將興甲以殺之因令盧蒲嫳興甲以誅之
盡殺崔杼之妻子及枝屬燒其室屋報崔杼曰
吾已誅之矣崔杼歸無歸因而自絞也慶封相
景公景公苦之慶封出獵景公與陳無宇公孫

極中小人意態
深合君子心情

竈公孫蠆誅封慶封以其屬鬬不勝走如魯齊人以爲讓又去魯而如吳王予之朱方荊靈王聞之率諸侯以攻吳圍朱方拔之得慶封負之斧質以徇於諸侯軍因令其呼之曰毋或如齊慶封弑其君而弱其孤以亡其大夫乃殺之黃帝之貴而死堯舜之賢而死孟賁之勇而死人固皆死若慶封者可謂重死矣身爲僇支屬不可以見行忮之故也凡亂人之動也其始相助後必相惡爲義者則不然始而相與久而相信

百事之始二句正義之要順義而行固爲利之至若悖義而計利乃不利之大著也文更莊雅醒目

卒而相親後世以爲法程

無義

二曰先王之於論也極之矣故義者百事之始也萬利之本也中智之所不及也不及則不知不知趨利趨利固不可必也公孫鞅鄭平續經公孫竭是已以義動則無曠事矣人臣與人臣謀爲姦猶或與之又况乎人主與其臣謀爲義其孰不與者非獨其臣也天下皆且與之公孫鞅之於秦非父兄也非有故也以能用也欲堙

之責非攻無以於是爲秦將而攻魏魏使公子卬將而當之公孫鞅之居魏也固善公子卬使人謂公子卬曰凡所爲游而欲貴者以公子之故也今秦令鞅將魏令公子當之豈且忍相與戰哉公子言之公子之主鞅請亦言之主而皆罷軍於是將歸矣使人謂公子曰歸未有時相見願與公子坐而相去别也公子曰諾魏吏爭之曰不可公子不聽遂相與坐公孫鞅因伏卒與車騎以取公子卬秦孝公薨惠王立以此疑

公孫鞅之行欲加罪焉公孫鞅以其私屬與母
歸魏襄疵不受曰以君之反公子卬也吾無道
知君故士自行不可不審也鄭平於秦王臣也
其於應侯交也欺交反主爲利故也方其爲秦
將也天下所貴之無不以者重也重以得之輕
必失之去秦將入趙魏天下所賤之無不以也
所可羞無不以也行方可賤可羞而無秦將之
重不窮奚待趙急求李欵李言續經與之俱如
衛抵公孫與公孫與見而與入續經因告衛吏

此設喻總起下博物難智者之似通見人主當審真似之分

使捕之續經以仕趙五大夫人莫與同朝子孫不可以交友公孫竭與陰君之事而反告之樗里相國以仕秦五大夫功非不大也然而不得入三都又況乎無此其功而有行乎

疑似

三曰使人大迷惑者必物之相似也玉人之所患患石之似玉者相劒者之所患患劒之似吳干者賢主之所患患人之博聞辯言而似通者亡國之主似智亡國之臣似忠相似之物此愚

墨子哭岐路謂一跬而千里也跬路只是疑似

者之所大惑而聖人之所加慮也故墨子見岐道而哭之周宅酆鎬近戎人與諸侯約爲高葆禱於王路置鼓其上遠近相聞卽戎寇至傳鼓相告諸侯之兵皆至救天子戎寇嘗至幽王擊鼓諸侯之兵皆至褒姒大說喜之幽王欲褒姒之笑也因數擊鼓諸侯之兵數至而無寇至於後戎寇眞至幽王擊鼓諸侯兵不至幽王身之乃死於麗山之下爲天下笑此夫以無寇失眞寇者也賢者有小惡以致大惡褒姒之敗乃令幽王好小說以致大滅

夫人眩于疑似之際蓋真而為似者所亂也

故形骸相離三公九卿出走此襃姒之所用死而平王所以東徙也秦襄晉文之所以勞王勞而賜地也梁北有黎丘部有奇鬼焉喜効人之子姪昆弟之狀邑丈人有之市而醉歸者黎丘之鬼効其子之狀扶而道苦之丈人歸酒醒而誚其子曰吾爲汝父也豈謂不慈哉我醉汝道苦我何故其子泣而觸地曰孽矣無此事也昔也往責於東邑人可問也其父信之曰譆是必夫奇鬼也我固嘗聞之矣明日端復飲於市欲

設此喻以見世主昏惑顛倒不審察而害其良臣

遇而刺殺之明旦之市而醉其眞子恐其父之不能反也遂逝迎之丈人望其眞子拔劍而刺之丈人智惑於似其子者而殺於眞子夫惑於似士者而失於眞士此黎丘丈人之智也疑似之迹不可不察察之必於其人也舜爲御堯爲左禹爲右入於澤而問牧童入於水而問漁師奚故也其知之審也夫人子之相似者其母常識之知之審也

壹行

此論人君之强大不恃其威在于十際之行

四曰先王所惡無惡於不可知不可知則君臣父子兄弟朋友夫妻之際敗矣十際皆敗亂莫大焉凡人倫以十際爲安者也釋十際則與麋鹿虎狼無以異多勇者則爲制耳矣不可知則知無安君無樂親矣無榮兄無親友無尊夫矣強大未必王也而王必強大王者之所藉以成也何藉其威與其利非強大則其威不威其利不利其威不威則不足以禁也其利不利則不足以勸也故賢主必使其威利無敵故以禁則

周與明各有所用可知則陋不可知則深此論亦止

詞寬意切

必止以勸則必爲威利敵而憂苦民行可知者王威利無敵而以行不知者亡小弱而不可知則強大疑之矣人之情不能愛其所疑小弱而大不愛則無以存故不可知之道王者行之廢強大行之危小弱行之滅今行者見大樹必解衣懸冠倚劒而寢其下大樹非人之情親知交也而安之若此者信也陵上巨木人以爲期易知故也又況於士乎士義可知故也則期爲必矣又況彊大之國彊大之國誠可知則其王不

難矣人之所乘船者爲其能浮而不能沈也世之所以賢君子者爲其能行義而不能行邪辟也孔子卜得賁孔子曰不吉子貢曰夫賁亦好矣何謂不吉乎孔子曰夫白而白黑而黑夫賁又何好乎故賢者所惡於物無惡於無處夫天下之所以惡莫惡於不可知也夫不可知盜不與期賊不與謀盜賊大姦也而猶所得疋偶又況於欲成大功乎夫欲成大功令天下皆輕勸而助之必之士可知

身者國之本也未聞身亂而國治者也故曰身定國安而治須賢人也

求人

五曰身定國安天下治必賢人古之有天下也者七十一聖觀於春秋自魯隱公以至哀公十有二世其所以得之所以失之其術一也得賢人國無不安名無不榮失賢人國無不危名無不辱先王之索賢人無不以也極卑極賤極遠極勞虞用宫之奇吳用伍子胥之言此二國者雖至於今存可也則是國可壽也有能益人之壽者則人莫不願之今壽國有道而君人者而

不求過矣堯傳天下於舜禮之諸侯妻以二女臣以十子身請北面朝之至卑也伊尹庖廚之臣也傅說殷之胥靡也皆上相天子至賤也禹東至榑木之地日出九津青羌之野攢樹之所捪天之山鳥谷青丘之鄉黑齒之國南至交阯孫樸續樠之國丹粟漆樹沸水漂漂九陽之山羽人裸民之處不死之鄉西至三危之國巫山之下飲露吸氣之民積金之山共肱一臂三面之鄉北至人正之國夏海之窮衡山之上犬戎

之國夸父之野禺疆之所積水積石之山不有
僻堕憂其黥首顏色黎黑竅藏不通步不相過
以求賢人欲盡地利至勞也得陶化益真窺橫
革之交五人佐禹故功績銘乎金石著於盤盂
昔者堯朝許由於沛澤之中曰十日出而焦火
不息不亦勞乎夫子爲天子而天下已治矣請
屬天下於夫子許由辭曰爲天下之不治與而
既已治矣自爲與啁噍巢於林不過一枝偃鼠
歠於河不過滿腹歸已君乎惡用天下遂之箕

山之下潁水之陽耕而食終身無經天下之色
故賢主之於賢者也物莫之妨戚愛習故不以
害之故賢者聚焉賢者所聚天地不壞鬼神不
害人事不謀此五常之本事也皐子衆疑取國
召南宮虔孔伯產而衆口止晉人欲攻鄭令叔
嚮聘焉視其有人與無人子產爲之詩曰子惠
思我褰裳涉洧子不我思豈無他士叔嚮歸曰
鄭有人子產在焉不可攻也秦荊近其詩有異
心不可攻也晉人乃輟攻鄭孔子曰詩云無競

前分段鋪叙爛然後用一結一斷美刺昭然大有矩度之文

惟人子產一稱而鄭國免

察傳

六曰夫得言不可以不察數傳而白爲黑黑爲白故狗似玃玃似母猴母猴似人人之與狗則遠矣此愚者之所以大過也聞而審則爲福矣聞而不審不若無聞矣齊桓公聞管子於鮑叔楚莊聞孫叔敖於沈尹筮審之也故國霸諸侯（爲福）也吳王聞越王句踐於太宰嚭智伯聞趙襄子於張武不審也故國亡身死也（爲禍）（主意）凡聞言必熟論

其於人必驗之以理魯哀公問於孔子曰樂正夔一足信乎孔子曰昔者舜欲以樂傳教於天下乃令重黎舉夔於草莽之中而進之舜以爲樂正夔於是正六律和五聲以通八風而天下大服重黎又欲益求人舜曰夫樂天地之精也得失之節也故唯聖人爲能和樂之本也夔能和之以平天下若夔者一而足矣故曰夔一足非一足也宋之丁氏家無井而出溉汲常一人居外及其家穿井告人曰吾穿井得一人有聞

而傳之者曰丁氏穿井得一人國人道之聞之於宋君宋君令人問之於丁氏丁氏對曰得一人之使非得一人於井中也求能之若此不若無聞也子夏之晉過衛有讀史記者曰晉師三豕涉河子夏曰非也是巳亥也夫巳與三相近豕與亥相似至於晉而問之則曰晉師巳亥涉河也辭多類非而是多類是而非是非之經不可不分此聖人之所慎也然則何以慎緣物之情及人之情以爲所聞則得之矣

呂氏春秋

第二十三卷

貴直論凡六篇

此論賢主好直
言則無過乃格
心之訣也反覆
援引人君惡直
好諛之失曉諭
切當令人驚省

呂氏春秋卷二十三

貴直論

貴直

一曰賢主所貴莫如士所以貴士爲其直言也言直則枉者見矣人主之患欲聞枉而惡直言是障其源而欲其水也水奚自至是賤其所欲而貴其所惡也所欲奚自來能意見齊宣王宣王曰寡人聞子好直有之乎對曰意惡能直意聞好直之士家不處亂國身不見汙君身今得

狐援之言直也而湣不愛則其過益熾焉能免走莒之危

見王而家宅乎齊意惡能直宣王怒曰野士也將罪之能意曰臣少而好事長而行之王胡不能與野士乎將以彰其所好耶王乃舍之能意者使謹乎論於主之側亦必不阿主不阿主之所得豈少哉此賢主之所求而不肖主之所惡也狐援說齊湣王曰殷之鼎陳於周之廷其社蓋於周之屏其干戚之音在人之遊亡國之音不得至於廟亡國之社不得見於天亡國之器陳於廷所以爲戒王必勉之其無使齊之大呂

陳之廷無使太公之社蓋之屏無使齊音充人之游齊王不受狐援出而哭國三日其辭曰先出也衣絺紵後出也滿囹圄吾今見民之洋洋然東走而不知所處齊王問吏曰哭國之法若何吏曰斮王曰行法吏陳斧質於東閭不欲殺之而欲去之狐援聞而蹶往過之吏曰哭國之法斮先生之老歟昏歟狐援曰曷爲昏哉於是乃言曰有人自南方來鮒入而鯢居使人之朝爲草而國爲墟殷有比干吳有子胥齊有狐援

巳不用若言又斮之東閭毋斮者以吾參夫二子者乎狐援非樂斮也國巳亂矣上巳悖矣哀社稷與民人故出若言出若言非平論也將以救敗也固嫌於危此觸子之所以去之也達子之所以死之也趙簡子攻衛附郭自將兵及戰且遠立又居於犀蔽屏櫓之下鼓之而士不起簡子投桴而歎曰嗚呼士之遫弊一若此乎行人燭過免冑橫戈而進曰亦有君不能耳何獘之有簡子艴然作色曰寡人之無使汝身自將

文法三轉折而波態風雲

是衆也子親謂寡人之無能有說則可無說則死對曰昔吾先君獻公即位五年兼國十九用此士也惠公即位二年淫色暴慢身好玉女秦人襲我遯去絳七十用此士也文公即位二年底之以勇故三年而士盡果敢城濮之戰五敗荆人圍衛取曹拔石社定天子之位成尊名於天下用此士也亦有君不能取士何弊之有簡子乃去犀蔽屏櫓而立於矢石之所及一鼓而士畢乘之簡子曰與吾得革車千乘也不如聞

首叙人臣極言爲國之利惟賢主能聽直言則國以存不然則危下詳引言以證之

行人燭過之一言行人燭過可謂能諫其君矣戰鬭之上枹鼓方用賞不加厚罰不加重一言而士皆樂爲其上死

一貞諫

二曰言極則怒怒則說者危非賢者孰肯犯危而非賢者也將以要利矣要利之人犯危何益故不肖主無賢者無賢則不聞極言不聞極言則姦人比周百邪悉起若此則無以存矣凡國之存也主之安也必有以也不知所以雖存必

亡雖安必危所以不可不論也齊桓公管仲鮑叔甯戚相與飲酒酣桓公謂鮑叔曰何不起爲壽鮑叔奉杯而進曰使公毋忘出奔在於莒也使管仲毋忘束縛而在於魯也使甯戚毋忘其飯牛而居於車下桓公避席再拜曰寡人與大夫能皆毋忘夫子之言則齊國之社稷幸於不殆矣當此時也桓公可與言極言矣可與言極言故可與爲霸荆文王得茹黃之狗宛路之矰以畋於雲夢三月不反得丹之姬淫朞年不聽

葆申能盡言極諫以改荆文之失荆文能聽言受笞以遵葆申之教此楚之所以霸也

朝葆申曰先王卜以臣爲葆吉今王得茹黄之狗宛路之矰畋三月不反得丹之姬淫朞年不聽朝王之罪當笞王曰不穀免衣繈緥而齒於諸侯願請變更而無笞葆申曰臣承先王之令不敢廢也王不受笞是廢先王之令也臣寧抵罪於王毋抵罪於先王王曰敬諾引席王伏葆申束細荆五十跪而加之于背如此者再謂王起矣王曰有笞之名一也遂致之申曰臣聞君子恥之小人痛之恥之不變痛之何益葆申趣

以極言之功一句收繳前意極含蓄警策

出自流於淵請死罪文王曰此不穀之過也葆申何罪王乃變更召葆申殺茹黄之狗析宛路之矰放丹之姬後荆國兼國三十九令荆國廣大至於此者葆申之力也極言之功也

知化

三曰夫以勇事人者以死也未死而言死不論以雖知之與勿知同凡智之貴也貴知化也人主之惑者則不然化未至則不知化已至雖知之與勿知一貫也事有可以過者有不可以過

先以夫差不知化子胥知化提起下詳其事操縱之法

者而身死國亡則胡可以過此賢主之所重惑主之所輕也所輕國惡得不危身惡得不困危困之道身死國亡在於不先知化也吳王夫差是也子胥非不先知化也諫而不聽故吳爲丘墟禍及闔廬吳王夫差將伐齊子胥曰不可夫齊之與吳也習俗不同言語不通我得其地不能處得其民不得使夫吳之與越也接土鄰境壤交通屬習俗同言語通我得其地能處之得其民能使之越於我亦然夫吳越之勢不兩立

越之於吳也譬若心腹之疾也雖無作其傷深而在内也夫齊之於吳也疥癬之病也不苦其已也且其無傷也令釋越而伐齊譬之猶懼虎而刺猏雖勝之其後患未央太宰嚭曰不可君王之令所以不行於上國者齊晉也君王若伐齊而勝之徙其兵以臨晉晉必聽命矣是君王一舉而服兩國也君王之令必行於上國夫差以爲然不聽子胥之言而用太宰嚭之謀子胥曰天將亡吳矣則使君王戰而勝天將不亡吳

至是子胥之言始驗而夫差之悔無益也末即承此意而以不若勿知一句結之照應起語最為有情

矣則使君王戰而不勝夫差不聽子胥兩袪高蹶而出於廷曰嗟乎吳朝必生荆棘矣夫差興師伐齊戰於艾陵大敗齊師反而誅子胥子胥將死曰與吾安得一目以視越人之入吳也乃自殺夫差乃取其身而流之江抉其目著之東門曰女胡視越人之入我也居數年越報吳殘其國絶其世滅其社稷夷其宗廟夫差身爲擒夫差將死曰死者如有知也吾何面以見子胥於地下乃爲幎以冒面死夫患未至則不可告

也患既至雖知之無及矣故夫差之知慙於子胥也不若勿知

過理

四曰亡國之主一貫天時雖異其事雖殊所以亡同者樂不適也樂不適則不可以存糟丘酒池肉圃爲格雕柱而桔諸侯不適也刑鬼侯之女而取其環截涉者脛而視其髓殺梅伯而遺文王其醢不適也文王貌受以告諸侯作爲琁室築爲頃宮剖孕婦而觀其化殺比干而視其

心不適也孔子聞之曰其竅通則比干不死矣夏商之所以亡也晉靈公無道從上彈人而觀其避丸也使宰人臑熊蹯不熟殺之令婦人載而過朝以示威不適也趙盾驟諫而不聽公惡之乃使沮麛沮麛見之不忍賊曰不忘恭敬民之主也賊民之主不忠棄君之命不信一於此不若死乃觸廷槐而死齊湣王亡居衛謂公王丹曰我何如主也王丹對曰王賢主也臣聞古人有辭天下而無恨色者臣聞其聲於王而見

其實王名稱東帝實辨天下去國居衛容貌克滿顏色發揚無重國之意王曰甚善丹知寡人寡人自去國居衛也帶益三副矣宋王築爲蘖帝鴟夷血高懸之射著甲冑從下血墜流地左右皆賀曰王之賢過湯武矣湯武勝人今王勝天賢不可以加矣宋王大說飲酒室中有呼萬歲者堂上盡應堂上已應堂下盡應門外庭中聞之莫敢不應不適也

壅塞

五曰下國之主不可以直言不可以直言則過無道聞而善無自至矣無自至則壅秦繆公時戎彊大秦繆公遺之女樂二八與良宰焉戎王大喜以其故數飲食日夜不休左右有言秦寇之至者因扜弓而射之秦寇果至戎王醉而卧於樽下卒生縛而擒之未擒則不可知已擒則又不知雖善說者猶若此何哉齊攻宋宋王使人候齊寇之所至使者還曰齊寇近矣國人恐矣左右皆謂宋王曰此所謂肉自至蟲者也以

宋人先以實言者而被戮後以狂言者而致禍宋王之壅塞如此戴氏之所以亡也

宋之強齊兵之弱惡能如此宋王因怒而詘殺之又使人往視齊寇使者報如前宋王又怒詘殺之如此者三其後又使人往視齊寇近矣國人恐矣使者遇其兄曰國危甚矣若將安適其弟曰爲兄視齊寇不意其近而國人恐如此也今又私患鄉之先視齊寇者皆以寇之近也報而死今也報其情死不報其情又恐死將若何其兄曰如報其情有且先夫死者死先夫亡者亡於是報於王曰殊不知齊寇之所在國人甚

不肖之主不自知不自量

安王大喜左右皆曰鄉之死者宜矣王多賜之金冠至王自投車上馳而走此人得以富於他國夫登山而視牛若羊視羊若豚牛之性不若羊羊之性不若豚所自視之勢過也而因怒於牛羊之小也此狂夫之大者狂而以行賞罰此戴氏之所以絶也齊王欲以淳于髡傅太子髡辭曰臣不肖不足以當此大任也王不若擇國之長者而使之齊王曰子無辭也寡人豈責子之令太子必如寡人也哉寡人固生而有之也

庸主不自知二
事可供一笑

子爲寡人令太子如堯乎其如舜也凡説之行也道不智聽智從自非受是也今自以賢過於堯舜彼且胡可以聞説哉説必不入不聞存君齊宣王好射説人之謂已能彊弓也其嘗所用不過三石以示左右左右皆試引之中關而止皆曰此不下九石非王其孰能用是宣王之情所用不過三石而終身自以爲用九石豈不悲哉非直士其孰能不阿主世之直士其寡不勝衆數也故亂國之主患存乎用三石爲九石

首提亂生有原雖有大小次第之異而其亂一也下詳引其事以實之有照應有聯絡無牽纏重復之弊

也

原亂

六曰亂必有第大亂五小亂三剖亂三故詩曰毋過亂門所以遠之也慮福未及慮禍之所以見之也武王以武得之以文持之倒戈弛弓示天下不用兵所以守之也晉獻公立驪姬以爲夫人以奚齊爲太子里克率國人以攻殺之荀息立其弟公子卓已葬里克又率國人攻殺之於是晉無君公子夷吾重賂秦以地而求入秦

繆公率師以納之晉人立以爲君是爲惠公惠公既定於晉背秦德而不予地秦繆公率師攻晉晉惠公逆之與秦人戰於韓原晉師大敗秦獲惠公以歸囚之於靈臺十月乃與晉成歸惠公而質太子圉太子圉逃歸也惠公死圉立爲君是爲懷公秦繆公怒其逃歸也起奉公子重耳以攻懷公殺之於高梁而立重耳是爲文公文公施舍振廢滯匡乏困救災患禁淫慝薄賦斂宥罪戾節器用用民以時敗荆人于城濮定

襄王釋宋出穀戍外内皆服而後晉亂止故獻
公聽驪姬近梁五優施殺太子申生而大難隨
之者五三君死一君虜大臣卿士之死者以百
數離咎二十年自上世以來亂未嘗一而亂人
之患也皆曰一而已此事慮不同情也事慮不
同情者心異也故凡作亂之人禍希不及身